O que Steve Jobs faria?

Universo dos Livros Editora Ltda.
Rua do Bosque, 1589 – Bloco 2 – Conj. 603/606
CEP 01136-001 – Barra Funda – São Paulo/SP
Telefone/Fax: (11) 3392-3336
www.universodoslivros.com.br
e-mail: editor@universodoslivros.com.br
Siga-nos no Twitter: @univdoslivros

Peter Sander

O que **Steve Jobs** faria?

São Paulo
2012

UNIVERSO DOS **LIVROS**

Diretor editorial Luis Matos
Editora-chefe Marcia Batista
Assistentes editoriais Bóris Fatigati,
Raíça Augusto e Raquel Nakasone
Tradução Luís Fernando Protásio
Preparação Melina Marin
Revisão Sandra Scapin
Arte Stephanie Lin
Diagramação S4 Editorial
Capa Sergio Bergocce

Dados Internacionais de Catalogação na Publicação (CIP)
(Câmara Brasileira do Livro, SP, Brasil)

S215q Sander, Peter.

O que Steve Jobs faria? / Peter Sander ; [tradução de Luís Protásio]. – São Paulo : Universo dos Livros, 2012.
168 p.

Tradução de: What would Steve Jobs do?

ISBN 978-85-7930-307-4

1. Informática. 2. Sucesso pessoal. 3. Steve Jobs. I. Título.

CDD 658.4063

SUMÁRIO

INTRODUÇÃO

O brilho, a paixão e a energia de Steve foram fonte de incontáveis inovações que enriqueceram e melhoraram a vida de todos nós. O mundo é imensuravelmente melhor por causa de Steve.

Filosofia da Apple, 5 de outubro de 2011

"Seja faminto, seja louco."

Foi isso que Steve Jobs disse a todos nós em 12 de junho de 2005, quando deu um célebre discurso aos alunos da Universidade Stanford.

No discurso em questão, Jobs contou três histórias: uma sobre "ligar os pontos", outra sobre amor e a perda, e uma terceira sobre a morte. Foi um discurso emocionante que mexeu com todos no público. E mexeu também com muitos de nós que não estávamos na Stanford — os muitos fãs de Jobs que sabiam que ele tinha sido diagnosticado com câncer um ano antes.

Desde então, esse discurso vem emocionando muitas outras pessoas.

De todos os discursos de formatura, o proferido por Steve Jobs é definitivamente o melhor, conforme medido pelas visualizações no YouTube. Em 10 de setembro de 2011, Jobs vencia essa corrida com uma margem confortável de vantagem — seu discurso tinha sido assistido 5.268.012 vezes. Os concorrentes eram Randy Pausch, falecido professor da Carnegie Mellon que se tornara escritor (com 1.371.075 visualizações), Will Ferrell (1.176.606 visualizações do discurso proferido em Harvard em 2003) e Oprah Winfrey (716.982 visualizações de seu discurso de 2008 a um público similar, também realizado na Stanford).

Todos nós já estávamos seguindo Jobs e seus sábios conselhos mesmo naquela época. No entanto, em 10 de outubro de 2011, aquele mesmo discurso da Stanford tinha sido assistido 11.022.670 vezes — ou seja, o vídeo foi visto mais ou menos 6 milhões de vezes nos cinco dias que se seguiram à sua morte, em 5 de outubro de 2011.

Não consigo pensar em uma forma melhor de medir a adoração a Steve por seus seguidores, espalhados em tantas áreas distintas. Que outro líder dos negócios chegaria perto de Steve Jobs? Que outro líder teria recebido a atenção de tantas pessoas do mundo dos negócios, da academia e de tantos consumidores? Quantos (além dos 40 mil funcionários da Apple) o consideram um dos grandes guias e líderes do mundo livre?

Eu vi as flores. Vi as maçãs. Vi pessoalmente as imagens e as cartas e tudo o mais que compôs o memorial deixado na frente da sede da Apple em Cupertino, na Infinite Loop. No sábado que se seguiu à morte de Steve, as homenagens teriam coberto uma quadra de tênis. As homenagens deixadas na frente das 357 lojas da Apple ao redor do mundo eram igualmente impressionantes, e talvez tivessem a mesma grandiosidade daquelas deixadas na sede.

Como ele ganhou esse *status*? Como se tornou um guru? Como se tornou o maior e mais celebrado líder da tecnologia do mundo e um dos maiores líderes de todos os tempos? Como Steve "bateu" Bill Gates, da Microsoft, que, consistentemente, fisgou mais de 80% do mercado de computadores pessoais e era cinco vezes mais rico? Quantos de nós, mesmo aqueles que não têm produtos da Apple, reverenciamos esse homem pelo que ele fez e gostaríamos de poder emular pelo menos parte do gênio inovador e aprender sua fórmula de liderança?

Quantos de nós, especialmente no mundo dos negócios, gostaríamos de alcançar o *status* que Jobs alcançou com a marca Apple? E não apenas com o nome da marca, mas com nosso *primeiro nome* como marca, "Steve"? Não Michael Jordan, mas apenas "Mike". Simplesmente "Mike". Nada além de "Mike". Não Steve Jobs, mas apenas Steve. Steve, um verdadeiro *superstar*.

O presidente norte-americano Barack Obama talvez tenha resumido bem: "O mundo perdeu um visionário. E talvez não haja maior tributo ao sucesso de Steve do que o fato de que grande parte do mundo ficou sabendo de sua morte através de um aparelho que ele inventou".

380 BILHÕES DE DÓLARES

Líderes podem ser adorados e admirados por muitos motivos diferentes: desde uma personalidade e senso de humor fascinantes, até pelo fato de ter salvo a união do país, como Abraham Lincoln. Nos negócios, os líderes são admirados por criar empresas de sucesso. Nesse sentido, o legado da Apple fala por si: 380 bilhões de dólares. Bilhões, com "B". É assim que o mundo das finanças — também conhecido como mercado de ações — avalia a empresa Apple.

Isso é apenas um número, certo? E ele pode não parecer muito no mundo atual, que vê *déficits* de orçamento de mais de 1 trilhão de dólares, programas "TARP"[1] de 700 bilhões e coisas desse tipo. No entanto, para uma empresa, trata-se de um valor imenso.

Esse número torna a Apple a maior empresa de capital aberto do mundo. E enquanto ela e a gigante do petróleo ExxonMobil competem pela honra de maior empresa de nossos tempos, a história da Apple certamente se mostra muito mais interessante. Por quê? Porque a Apple cria *produtos*, os quais ela precisa vender em um mercado competitivo.

A Apple precisa vender um produto do qual absolutamente ninguém precisa, mas que deve ser desejado e superar o do concorrente.

Será que poderíamos dizer a mesma coisa a respeito de produtos da indústria de petróleo? Não, mesmo! Aliás, as cinco empresas que vêm logo em seguida na lista de maior valor de mercado produzem petróleo, metais ou movem dinheiro de um lugar para o outro, mas não produzem nada tão complexo ou que deva passar pelo julgamento do consumidor (diferentemente do que ocorre com a Apple).

Descendo na lista, na sétima posição está a Microsoft, a primeira empresa na lista (depois da Apple) que realmente produz alguma coisa. E há quem se pergunte se a Microsoft alcança os mesmos padrões da

1 Sigla de Troubled Asset Relief Program, programa do governo dos Estados Unidos, implementado em 2008, para ajudar empresas a enfrentar problemas financeiros mediante a compra de ativos e capital próprio de instituições financeiras até o limite de 700 bilhões de dólares. (N. T.)

Apple. Parece que poucas pessoas realmente querem os produtos da Microsoft, mas, como o petróleo e seus derivados, elas se veem forçadas a comprá-los e usá-los. Muitas pessoas simplesmente não têm escolha; como ocorre com os produtos derivados do petróleo, eles o pegam onde quer que você esteja; eles são um padrão da indústria.

O cavalo de corrida da Apple ultrapassou o da Microsoft em 222 bilhões de dólares no mercado de capitais em maio de 2010. E é possível ver o quão veloz esse cavalo é, já que, no final de 2011, a Apple valia 380 bilhões de dólares, enquanto sua rival de longa data, a Microsoft, valia 228 bilhões de dólares. Quando a Apple ultrapassou a Microsoft, a Exxon ainda era a primeira da lista, com 279 bilhões.

Tudo isso é muito impressionante, mas a chegada, na primeira posição ou não, realmente não é nosso propósito aqui. O que realmente torna a história da Apple tão incrível não é seu sucesso financeiro ou os produtos excepcionais que ela cria, mas o contexto em que cresceu.

Considere que a Apple tem apenas 35 anos. Embora a Microsoft também tenha subido rapidamente nos *rankings*, quantas empresas chegaram tão longe e em tão pouco tempo sem nenhuma fusão e praticamente sem aquisições? Nenhuma. Se você considerar que o valor da Apple estava em algum lugar próximo de 3 bilhões de dólares em 1997, quando Steve Jobs retornou ao leme, e em 10 bilhões de dólares em 2003, antes de o iPod efetivamente decolar, a Apple, sob a liderança de Steve, aumentou inquestionavelmente seu valor mais rapidamente que qualquer outra empresa na história.

As evidências são incontestáveis. Embora, como veremos, Steve Jobs estivesse longe de ser um líder conforme a definição clássica dos livros, sabemos o que ele levou para a Apple em termos de experiência do consumidor, visão, conhecimento de produto e genialidade de marketing. E compartilharemos isso neste livro. Também sabemos o que aconteceu quando a Apple estava nas mãos de outras pessoas, algo que ocorreu mais de uma vez durante sua breve história. E a situação não foi nada boa.

ANATOMIA DE UM SUPERSTAR

Em seu livro *The Innovation Playbook*[2] (Wiley, 2010), o consultor de inovações Nicholas Webb apresenta uma definição de *superstar* de acordo com uma lista de traços retirada do amplo mundo dos esportes:

- *Superstars* são consistentemente melhores que os demais.
- Você pode contar com um *superstar* para chegar a um resultado.
- *Superstars* são modelos a serem seguidos; você quer ser como eles.
- *Superstars* são bons em todos os aspectos do jogo, e não apenas em parte do todo.
- *Superstars* costumam ter uma personalidade equilibrada e acessível, acompanhando seu talento.
- *Superstars* jogam em um time e fazem todos os demais jogarem melhor.
- Se os *superstars* fossem uma cultura, você se sentiria confortável sendo parte dessa cultura.

Agora, comparado a esse padrão, Steve se saía muito bem, certo? Aliás, é difícil não olhar para ele como o Michael Jordan, ou o Wayne Gretzky, ou o Willie Mays, ou o Martin Luther King do mundo dos negócios e da tecnologia.

Aliás, o mundo dos negócios e da tecnologia não produziu muitos *superstars* — e certamente não muitos com o reconhecimento mundial de Steve. Na verdade, não muitos que merecessem memoriais cheios de flores e maçãs.

---

2 "A cartilha da inovação", em tradução livre para o português. (N. T.)

A IDEIA CENTRAL

Podemos idolatrar o altar da Apple e podemos idolatrar Steve Jobs o quanto quisermos, mas eu gostaria de deixar claro qual é o propósito deste livro.

- *O que Steve Jobs faria?* não é uma biografia de Steve Jobs.
- *O que Steve Jobs faria?* não conta a história da Apple Inc.

Biografias de Steve e livros contando a história da Apple já foram escritos - e muito bem escritos, por sinal. Não há necessidade de mais um livro sobre isso nas prateleiras de negócios das livrarias. Vários títulos já podem ser encontrados com foco em inovação, em como a Apple promove a inovação e em como Steve Jobs encorajava e liderava a inovação.

O objetivo de *O que Steve Jobs faria?* não é apenas relembrar ou recontar os sucessos da Apple e de Steve Jobs, mas capturar a essência do que ele promoveu na posição de *líder*. Este livro busca discutir os traços do estilo de Steve que *você* pode usar e os sucessos que se aplicam à sua organização. É claro que grande parte desses sucessos teve como base a inovação, e criar uma cultura de inovação é um dos principais componentes de sua liderança de sucesso.

Como líderes, temos a responsabilidade de administrar a inovação em nossas empresas. Uma organização que não inova está morta e pronta para ser engolida pelo progresso da tecnologia ou pela concorrência (ou por esses dois fatores). Uma organização que não inova não está respondendo aos seus consumidores e nem ao restante do mundo externo.

Não há dúvida de que Steve realizou excelentes inovações. No entanto, havia algo mais, algo acima e além, que fez com que milhões de pessoas o seguissem — milhões de pessoas dentro e fora de sua organização. Havia alguma coisa que nos colocava em sintonia com aquele discurso na Stanford, algo que nos fez deixar flores na frente das lojas da Apple e parar para refletir no dia em que ele morreu. Há algo além da "mistura de Thomas Edison e Willy Wonka", imagem ocasionalmente usada para descrever Steve.

Steve Jobs provou ser tanto um tirano dos negócios na América quanto um tirano em nossa experiência pessoal. Ninguém mais na história chegou perto de alcançar tal *status*.

O mundo é incrivelmente melhor porque Steve Jobs existiu. *O que Steve Jobs faria?* tenta capturar a essência de como esse visionário fez isso.

UM MAPA PARA A EXCELÊNCIA

O que Steve Jobs faria? é dividido em duas partes. Nos primeiros três capítulos temos um contexto, a "semente" da história da Apple misturada com a biografia pessoal de Steve — trata-se de uma base para a compreensão de seu estilo de liderança — e, em seguida, examinamos as visões convencionais atuais de liderança e avaliamos como Steve foi diferente, chegando às seis partes do Modelo de Liderança de Steve Jobs.

Nos capítulos restantes são abordadas as seis partes desse modelo — consumidor, visão, cultura, produto, mensagem e marca —, sempre que possível, expondo cada ponto crítico do estilo unicamente "elegante, simples" de Steve, capturando o que você pode fazer para "pensar diferente" em sua empresa.

Leia, seja faminto e seja louco.

CAPÍTULO 1

NASCIMENTO

Para mim, o computador é a ferramenta mais extraordinária já inventada. É o equivalente a uma bicicleta para nossa mente.

Steve Jobs, 1991

Não há dúvidas de que a história completa da Apple começa 21 anos antes do surgimento do computador Apple, com o nascimento de Steve Jobs, cujos primeiros anos, formadores e reveladores, definitivamente integram a história da empresa e o desenvolvimento do estilo de liderança de Steve.

Os primeiros anos da Apple obviamente representam uma fase bastante criativa e empreendedora na vida e na carreira de Jobs, cujo dom de vender foi vital para fazer o novo produto decolar e cuja visão da contracultura ajudou toda a empresa a se manter distante da sabedoria que prevalecia na época: a de que os computadores eram objetos pertencentes aos centros de dados e manipuláveis apenas por profissionais. Steve viu além do *status quo* e identificou o que os computadores podiam fazer — especialmente se combinados com o *software* certo. Mais do que isso, Jobs soube como vender aquela ideia para o público.

O que Steve comandava nesse período era essencialmente uma empresa de garagem, o que não o impediu de mostrar sua impetuosidade na gestão de grandes grupos para produzir artigos manufaturados e técnicos. Embora parecesse saber de que precisava de líderes experientes ao seu lado ("supervisão de um adulto"), Jobs não necessariamente compartilhava de ideias desse tipo.

Steve começou a desconfiar do estilo de pensamento e da burocracia do mundo corporativo e finalmente deixou a Apple, depois de entrar em conflito com o então CEO[1] John Sculley e com a mesa diretora — cuja maioria fora indicada pelo próprio Jobs. Mas aquilo acabou com a carreira de inventor, empresário e líder de Steve? Não. Aquilo o levou a um "renascimento" incrivelmente bem-sucedido dez anos mais tarde, como veremos no Capítulo 2.

ADOÇÃO ANTECIPADA

A estreia de Steve Jobs no mundo não foi nada comum. Ele nasceu em São Francisco, no dia 24 de fevereiro de 1955, filho de um casal de estudantes da Universidade de Wisconsin de 23 anos. Seu pai, um sírio chamado Abdulfattah Jondali ("John"), mais tarde se tornaria professor de Ciência Política, e sua mãe, Joanne Simpson, fonoaudióloga. Embora o casal fosse se casar no futuro — e ter um segundo filho, a escritora Mona Simpson —, eles decidiram entregar o primeiro filho para a adoção antes mesmo de seu nascimento.

Steve foi adotado por Paul e Clara Jobs, um casal de Mountain View, uma comunidade emergente cerca de 72 quilômetros ao sul de São Francisco, Califórnia, e cerca de 20 quilômetros ao sul da Universidade Stanford, nos arredores do que se tornaria o coração do Vale do Silício.

Todavia, os pais biológicos de Steve fizeram uma exigência para a adoção: os pais adotivos tinham de ser estudantes de pós-graduação. Não é muito claro o motivo de essa exigência ter sido ignorada, mas nem Paul e nem Clara Jobs tinham terminado a graduação. Aliás, o pai adotivo de Steve nem sequer terminou o segundo grau. Entretanto, ambos se comprometeram a fazer uma poupança para arcar com os custos da faculdade do filho. Os Jobs eram pais amorosos e apoiavam tudo o que o curioso e ativo Steve queria fazer.

---

1 *Chief executive officer.* (N. T.)

E, sim, Steve foi para a faculdade — para a Reed College, uma faculdade privada de artes localizada nos subúrbios arborizados ao sul de Portland, Oregon. Ele frequentou o curso durante um semestre antes de abandoná-lo.

Antes disso, Jobs havia frequentado importantes colégios da região (Cupertino High School e Homestead High School), ambos a menos de 4 quilômetros de onde se localiza a sede da Apple hoje. No início dos anos 1970, a região sul da baía de São Francisco estava se transformando muito rapidamente: os antigos pomares agora cediam espaço aos novos subúrbios atraentes, com belas ruas cheias de árvores e casas de tijolos à vista de todos.

Nem tudo era moderno: marco local, o Aeroporto Moffett Field tinha (e ainda tem) dois enormes hangares originalmente construídos para acomodar dirigíveis. Na esquina da rua principal, mais perto de onde hoje está a sede dos escritórios da Apple, havia uma enorme fábrica de processamento de ameixas. Mas, na maioria dos locais, havia a novidade e o entusiasmo espalhados pela região próxima à Universidade Stanford, palco de algumas das pesquisas e dos desenvolvimentos que levaram primeiro aos transístores, depois aos semicondutores e então aos circuitos impressos.

Steve, como qualquer outro jovem, adorava o clima e a "vibe" da Área da Baía de São Francisco. Todavia, ele também desenvolveu uma fascinação por eletrônica. Antes de chegar à adolescência, participou de uma demonstração de computadores (na verdade, apenas terminais) no centro de pesquisas da NASA, localizado no Moffett Field (o aeroporto onde há os tais hangares para dirigíveis). Daquele ponto em diante, Steve passou a se cercar de vários engenheiros e profissionais do ramo da alta tecnologia.

Enquanto ainda estava no segundo grau, com sua curiosidade, participou de cursos extracurriculares na Hewlett-Packard Company (HP), que ficava próxima a Palo Alto (cidade que abrigava a Stanford). Em 1970, um amigo o apresentou ao seu primeiro parceiro e prodígio da tecnologia, Steve Wozniak (conhecido como Woz), cinco anos mais velho que Jobs. Woz, que também tinha estudado na Homestead High School, estava na graduação e trabalhava na HP. No verão de 1972, Steve Jobs trabalhou temporariamente com Steve Wozniak.

Na época, Wozniak trabalhava como técnico no que viria a se tornar um minicomputador. E Jobs se perguntava se um computador baseado em um único circuito impresso poderia ser produzido e vendido.

CIRCUITO ABERTO

Algum tempo se passou antes de essa ideia gerar frutos. Steve terminou o ensino médio e foi para Reed College, para cursar aquele (único) semestre no outono de 1972. Na época, entretanto, ele era um cara criativo e já havia adotado seu lema (que se tornaria bastante conhecido): "Faça o que você ama fazer". Como a estrutura da universidade não era algo que Steve amava, ele passou a explorar novas possibilidades, procurando algo que pudesse fazer com paixão.

Naquele momento de sua vida, todavia, ele não fazia ideia do que era esse "algo" de fato, mas tinha bem claro que não se encaixava no caminho comum a que a maioria das pessoas da época aspirava: ir à faculdade, pegar um diploma, arrumar um emprego e subir na carreira. Steve era diferente.

Em vez disso, continuou vivendo na região de Reed e saindo com os amigos, supostamente recolhendo garrafas de refrigerante para juntar dinheiro e fazendo refeições gratuitamente em um templo Hare Krishna. Steve ainda assistia a algumas aulas que lhe interessavam — era o que a maioria das pessoas da época teria chamado de *hippie.*

O curso mais famoso que Steve frequentou nesse período foi o de caligrafia, algo que despertou nele o interesse por *design* gráfico, especialmente no que dizia respeito à beleza, à atratividade e à proporção dos diferentes tipos de fonte. Era uma epifania disfarçada, pois mais tarde Steve iria inspirar-se nessa experiência para definir o Macintosh como uma máquina baseada em gráficos. "Se eu nunca tivesse caído naquele curso, o Mac jamais teria tido fontes variadas e proporcionalmente espaçadas", ele confessaria anos mais tarde.

ILUMINAÇÃO

Em 1974, Jobs havia sido exposto a uma série de novidades, como a vida espiritual e a cultura da Índia. Quando voltou para a Área da Baía de São Francisco, impulsionado pelo interesse em eletrônica, arranjou um emprego no fabricante do videogame Atari, uma empresa em ascensão no Vale. Seu objetivo: ganhar dinheiro suficiente para fazer uma viagem à Índia e participar de um retiro espiritual.

Jobs nunca desistia de seus objetivos e viajou para a Índia com o colega que conhecera na Reed College, Daniel Kottke, que mais tarde se tornaria o primeiro funcionário da Apple. O propósito da viagem era receber orientação espiritual do guru hindu Neem Karoli Baba, mas o líder espiritual faleceu antes que Steve e Daniel o conhecessem. Não se sabe ao certo o que Steve e Daniel fizeram na Índia, mas o fato é que voltaram budistas, de cabeças raspadas e usando as tradicionais roupas indianas.

Uma coisa, porém, é clara: eles experimentaram drogas psicodélicas, especialmente LSD. Talvez nós realmente não queiramos saber mais sobre isso, mas Steve tratou aquela experiência como "uma dentre as duas ou três coisas mais importantes [que ele fez] na vida". E essa experiência certamente desencadeou seus fluxos de criatividade e teria sido o berço natural do mantra "*think different*"[2] que Steve entoou durante toda a vida e usou por anos como *slogan* dos produtos da Apple.

De volta aos Estados Unidos e à Atari, Jobs retomou contato com Steve Wozniak. Muitas pessoas especulam que, se Jobs não tivesse conhecido Wozniak antes de viajar para a Índia, teria passado o resto da vida entoando cantos de ioga em algum lugar afastado.

O QUASE COMPUTADOR APPLE I

Woz era o que chamaríamos hoje em dia de *geek*, um nerd sem igual da informática e da computação (e os *geeks* provavelmente também o chamam assim). Ele se tornou um gênio do *design* de circuitos impressos

2 Pense diferente. (N. T.)

e ainda estava na Hewlett-Packard enquanto estudava na Universidade da Califórnia, em Berkeley. Woz ajudou Jobs a vencer um desafio na Atari e reduzir o número de *chips* em uma placa de circuitos.

Tinha começado a se interessar por Jobs no Homebrew Computer Club, um grupo local de amadores da computação e *hackers* que se encontravam regularmente antes da viagem para a Índia. Após retornar, Jobs pressionou Woz com a ideia de desenvolver um computador com uma única placa.

Steve queria desenvolver esse computador simplesmente para testar suas habilidades e, caso as coisas dessem certo, mostrar e vender a máquina para os membros da Homebrew. Mas também pensava mais alto: queria abrir uma empresa. De acordo com o relato de Wozniak, Jobs lhe disse que "mesmo que eles não tivessem sucesso, pelo menos poderiam dizer para os netos que tiveram uma empresa".

Eles juntaram suas economias: Jobs vendeu uma *van* e Woz, uma calculadora HP, entre outras coisas. Conseguiram levantar 1.300 dólares, soma que usaram para comprar os materiais necessários para montar alguns protótipos. Embora muitos comparem essa história à de Hewlett e Packard, que começou em 1939 em uma garagem, é interessante destacar que o projeto de Jobs e Wozniak começou, na verdade, no quarto de Steve e, posteriormente, mudou-se para a garagem.

O Apple I era, em todos os sentidos, uma máquina primitiva: tratava-se do que, atualmente, chamaríamos de uma placa-mãe acompanhada de uma CPU, uma memória e *chips* de vídeo. Não havia muita memória — apenas 4 kilobytes, comparados aos 4 gigabytes das máquinas atuais, ou 1 milhão de vezes menos —, assim como não havia teclado, monitor, cabo de força e gabinete. O usuário precisaria ter tudo isso. O *software* era a linguagem de programação BASIC, e o monitor era basicamente um aparelho velho de televisão. Na verdade, tratava-se de um *kit* eletrônico similar aos vendidos pelas lojas Heathkit ou RadioShack (algo, aliás, bastante popular na época).

O chamado Apple I foi colocado à venda em julho de 1976 por US$ 666 — algo equivalente a US$ 2.600 atualmente —, com um custo de produção de US$ 500. Uma loja de computadores de Mountain View conhecida como The Byte Shop vendia versões completas do Apple I.

EXECUTEK OU APPLE COMPUTER?

E de onde veio o nome “Apple”? Juntamente com a caligrafia, tratava-se de outra epifania que Steve teve nos anos em que viveu em Oregon.

Enquanto estava em Portland, Steve se envolveu com uma comunidade zen (naturalmente) chamada All-One Farm. Ele ia àquela fazenda periodicamente para trabalhar e encontrar os amigos. E, obviamente, a All-One Farm possuía macieiras. Ele admirava as maçãs por sua aparência simples e atraente. Mais tarde, quando Woz buscou Steve no aeroporto após uma dessas viagens, eles conversaram sobre o projeto do novo computador, que, na época, ainda estava sendo finalizado. Jobs simplesmente soltou o seguinte comentário: “Tenho um ótimo nome. Que tal Apple? Apple Computer?”.

Muitas pessoas também atribuem o nome ao conhecido amor de Jobs pela música, aos Beatles em particular; outros atribuem o nome à imagem de Isaac Newton e às grandes ideias que podem cair de uma macieira. Essas referências, todavia, provavelmente tiveram seu papel, mas a história real é que, embora Jobs e Woz tivessem passado horas pensando em outros nomes mais *geeks* (como “Matrix Computer” e “Executek”), nenhum deles de fato funcionava, nenhum “pegava” como “Apple”.

Tudo o que se seguiu foi um grande exemplo de como a visão técnica de Woz se mesclava com a visão mercadológica de Jobs. Eles venderam cerca de 200 Apple I, começaram a projetar o Apple II, e o resto, como todos sabemos, é história.

REJEIÇÃO? E DAÍ? A VISÃO GANHA FORÇA

Foi com o Apple II que a história da Apple Inc. tal qual a conhecemos hoje de fato começou. Entretanto, antes de se aventurar nessa história, é importante notar que Woz, recém-casado e com um emprego bem remunerado na HP, não estava completamente convencido de que se tornaria um empresário, de modo que levou a ideia de desenvolver um microcomputador aos diretores da HP. Como todos sabemos agora, isso não deu em nada.

Mas Steve Jobs tinha ótimas ideias e uma grande visão para o microcomputador da Apple. Ele sentia que os computadores podiam ser mais do que máquinas cinza grandes, impessoais e feias que ficavam nos centros de dados e podiam ser tocadas apenas por programadores. Ele visualizou "a libertação do universo controlado pela IBM" para milhões de pessoas, enquanto a própria IBM e a HP, entre outras, desconsideravam a máquina da Apple por acreditar que era "muito pequena para oferecer computação séria". Embora as visões de Jobs não estivessem cristalizadas até a apresentação do Macintosh em 1984, oito anos mais tarde, elas já estavam definitivamente na mente dele na década de 1970.

Jobs sentia claramente que a vida das pessoas (cidadãos comuns, engenheiros, cientistas e homens de negócios em seus locais de trabalho, professores nas escolas — você escolhe) podia melhorar com o uso de um computador. Contudo, como o mundo mais tarde descobriria, aquela visão não estava ligada ao computador, mas ao que o computador seria capaz de fazer.

O molde para a liderança visionária e a paixão sem limites de Steve Jobs tinha sido forjado.

DA GÊNESE AO ÊXODO

Embora o Apple I represente a gênese do produto e da ideia do computador pessoal, a verdadeira *gênesis* do empreendimento veio com o desenvolvimento e com as vendas do Apple II. Isso aconteceu em 1977. Esta seção aborda Steve e a Apple daquele ponto até seu êxodo — sua primeira saída da empresa, o que aconteceu logo depois do lançamento do revolucionário Macintosh, em 1984.

Como veremos, o estilo de liderança de Steve de fato começou a ganhar forma nesse período, mas acabou entrando em conflito com as abordagens mais tradicionais empregadas pela máquina burocrática que ele começara a construir à sua volta. Naturalmente, Steve não permitiu que as circunstâncias o detivessem — aliás, como também veremos, sua saída da Apple talvez tenha sido a melhor coisa que lhe aconteceu.

A VISÃO SE EXPANDE: APPLE II

Steve e Woz criaram a Apple em 3 de janeiro de 1977. Antes disso, haviam chamado Ronald Wayne, um desenhista da Atari, mais velho e experiente, para ajudá-los a chegar a um acordo quando os dois Steves não concordassem com algo. Quando se juntaram, Woz e Jobs contrataram Wayne pela alegada quantia de 800 dólares — uma jogada que custaria bilhões de dólares hoje em dia.

A visão do computador pessoal continuou a se desenvolver. O Apple II era um produto completo, com gabinete, cabo de força e teclado. O aparelho parecia um computador, tinha suporte para cores e sons e oito *slots* de expansão. Logo após sua apresentação, foi disponibilizado com um *drive* para disquete de 5¼ polegadas, o que permitia aos usuários armazenar e recuperar dados facilmente e compartilhá-los com outras máquinas. Como acontecera com o Apple I, Woz foi o gênio técnico por trás do Apple II, enquanto Jobs fornecia a visão, a inspiração e o gênio mercadológico.

Os poucos milhares de dólares que Jobs e Wozniak tinham investido no negócio rapidamente se mostraram insuficientes. Eles precisavam de um sócio. Precisavam, também, de uma supervisão adulta, pois agora estavam dando seus primeiros passos no mundo dos negócios. E nem Jobs, nem Wozniak tinham muita experiência ou *know-how* para lidar com aquele admirável mundo novo.

MIKE MARKKULA

Em 1977, Jobs visitou investidores de risco. Alguns ficaram intrigados e o recomendaram a outros, mas pelo menos um deles reagiu à sua aparência *hippie* e se esquivou, dizendo: “Por que você me mandou esse renegado da raça humana?”. Jobs não se deu bem naquela entrevista, mas foi apresentado a um veterinário e engenheiro quase aposentado da Intel chamado Mike Markkula, que gostou da história e de seu apresentador e repassou 250 mil dólares para a causa em troca de um terço da empresa.

Markkula teria um papel de liderança fundamental, principalmente nos bastidores e no suporte ao que Jobs e Woz estavam desenvolvendo naquela época. Ele mais tarde se tornaria o presidente da empresa, de 1985 até 1997. Markkula, entretanto, era um homem de negócios — em todos os sentidos —, e apoiou a equipe que pediu para Jobs sair em 1985. Mesmo assim, naqueles primeiros tempos, Markkula forneceu uma base sólida de negócios para a visão e para as operações de Jobs, que reconheceu e fez bom uso das habilidades de Markkula, assim como reconheceu e fez bom uso das habilidades técnicas de Woz.

Bons líderes percebem o que não fazem bem e desenvolvem fortes relações com seus braços direitos para conseguir o que querem.

UM *KILLER APP*

Como frequentemente acontece na indústria da computação, os desafios se transformam em *softwares*. As pessoas estavam fascinadas com o produto, que geralmente era vendido em lojas de departamentos como a Macy's. Um comprador da Macy's, entretanto, estava longe de estar pronto ou de ser capaz de escrever programas em BASIC. Era necessário, portanto, o que hoje em dia seria chamado de *killer app* (um aplicativo que torna um produto vencedor, vitorioso ou altamente desejado pelas pessoas, em tradução livre). E esse aplicativo de fato apareceu, mas não antes de 1979: o VisiCalc, desenvolvido pela Software Arts.

O VisiCalc, um programa similar ao Microsoft Excel atual, de fato permitiu que os usuários realizassem grandes feitos com seus computadores: eles podiam trabalhar em casa ou desenvolver um trabalho na empresa em que trabalhavam e usar o disquete de 5¼ polegadas para levar o trabalho para onde quisessem. Isso abriu um novo mercado para a computação pessoal, alcançando um público bem mais abrangente do que apenas amadores e aficionados.

UMA VIAGEM AO PARC

O Apple II decolou, gerando anualmente cerca de 300 milhões em vendas e transformando Jobs e Wozniak em milionários quase instantaneamente. Mas, é claro, a história não acaba aí.

Eles tiveram a oportunidade de contratar uma equipe de engenheiros do PARC (Palo Alto Research Center — Centro de Pesquisas de Palo Alto) da Xerox, um berço de ideias que, infelizmente, não transformou tais ideias em produtos da Xerox. Jobs pediu para ter acesso e observar os engenheiros do PARC por três dias em troca de 100 mil em ações da Apple antes da IPO[3] (novamente, algo na casa dos milhões hoje em dia). O PARC tinha várias ideias em desenvolvimento, incluindo para aquilo que se tornaria a tecnologia de impressão a laser e, mais importante de todas para esta história, para a GUI (Graphic User Interface — Interface Gráfica do Usuário), atualmente conhecida como o *mouse* do computador.

Para seu crédito, os cientistas do PARC ficaram um pouco receosos em contar todos os seus segredos para a Apple. Como testemunho da visão de certo *versus* errado que havia na época, um deles brincou: "Depois de uma hora observando os demos, eles [a Apple] entenderam nossa tecnologia e o que ela significava. Aliás, entenderam melhor do que qualquer outro executivo da Xerox, mesmo depois de passarmos anos mostrando isso a eles". (Esse cientista, Larry Tesler, mais tarde se juntaria à Apple.)

Jobs chamou os cientistas de um "monte de máquinas copiadoras" que "não tinham ideia do que um computador podia fazer". Ele claramente via o que havia no futuro: "um computador para todos nós".

UM MAC EM TODOS OS LARES

Jobs e sua equipe saíram do PARC com a inspiração para adicionar a GUI à futura máquina que estava sendo desenvolvida, conhecida como Lisa. O Lisa trouxe a GUI e pretendia transformar a Apple em um importante jogador no mundo dos negócios, mas não obteve sucesso comercial em virtude do preço sugerido (10 mil dólares).

---

3 Initial Public Offering (oferta pública inicial); termo do mercado financeiro para referir-se à abertura de capital de uma empresa. (N. T.)

Mike Markkula tinha recrutado um novo CEO, Mike Scott, para comandar os negócios. Jobs ainda era o presidente e, certamente, um líder visionário, mas não o CEO (cargo, aliás, que nunca lhe foi oferecido). Outros (e possivelmente o próprio Steve) preferiam admitir Markkula e Scott — e outros posteriormente — a ter de sustentar o cargo e fornecer a supervisão adulta necessária, citada anteriormente.

Enquanto isso, em 1979, Jef Raskin, um escritor de tecnologia e *expert* em publicações contratado pela Apple, vendeu para a empresa a visão de uma máquina menor e completamente integrada, que mais tarde se tornaria o computador de mesa (*desktop*). Em 1979, Markkula e Jobs compraram o projeto e pediram a Raskin para comandá-lo.

O projeto Macintosh, ao que consta nomeado em virtude do tipo de maçã favorito de Raskin, McIntosh (mas escrito diferente por causa de problemas de marca registrada — tratava-se do nome de um fabricante de alto-falantes), teve início.

O projeto Mac estava bem mais alinhado com a visão e com a personalidade de Steve. Ele via aquele projeto como uma forma de levar a computação ao homem comum e era cético quanto aos esforços da equipe que trabalhara no Lisa (e dos desenvolvedores do Apple III, que teve uma vida muito curta em virtude de problemas técnicos) para atrair a comunidade empresarial. Na prática, Steve acabou se tornando o líder da equipe do Mac.

Enquanto isso, Jobs e outras pessoas desiludiram-se com Scott e começaram a procurar um novo CEO. Entre outras características, Steve queria alguém com um grande foco no consumidor e com experiência no mercado de consumo. Isso o levou — por recomendação de duas recentes contratações de Stanford — ao então CEO da PepsiCo, John Sculley.

A princípio, Sculley recusou a oferta, sentindo-se incomodado com o fato de ir trabalhar em uma empresa relativamente nova e menos estável e de não ter experiência com tecnologia. Jobs o convenceu com a famosa frase: "Você quer passar o resto de sua vida vendendo água com açúcar ou quer ter a chance de mudar o mundo?".

Sculley juntou-se à equipe e, como se sabe, ele e Jobs se davam maravilhosamente bem. Sculley administrava a empresa, trabalhava no labirinto necessário para fazer os produtos chegarem ao mercado e dava uma cara para a Apple; Steve trazia o projeto Mac à vida. Ambos gerenciavam juntos e iam a reuniões juntos — praticamente viviam grudados.

Na época, a Apple tinha por volta de 4 mil funcionários — 3 mil deles trabalhando no Apple II e, dos mil restantes, 900 trabalhando no Lisa e cem no Macintosh. A equipe do Mac trabalhava mais ou menos como uma empresa *startup*, em que 80 a 90 horas semanais de trabalho não era algo incomum, ao passo que o restante da empresa havia se tornado corporativa.

O envolvimento de Steve era profundo: ele se preocupava e trabalhava duro em cada detalhe. Quando um pequeno defeito em um *software* era detectado, ele não permitia que o produto fosse vendido sem a legenda "demo". Jobs era um perfeccionista e exigia que a equipe acompanhasse seus padrões.

O Mac era uma máquina unificada, o que significava que era vendido em um pacote completo e sem acessórios complementares. Tratava-se de uma máquina simples e menor do que qualquer coisa que havia no mercado; usava o *drive* de disquete de 3,5 polegadas da Sony e, diferentemente do computador anterior, era completamente gráfico e baseado em GUI, com ícones e menus ativáveis e um *mouse* como sua principal ferramenta de controle. O Macintosh era, como o próprio Steve, amigável com o consumidor, visionário e, de alguma forma, um item de contracultura para a época.

O ANÚNCIO

O Mac ficou pronto para lançamento em 1984. Tratava-se de um grande produto e a Apple queria comunicar sua visão por meio de um anúncio e em um evento correspondentes — o Super Bowl de 1984. O PC da IBM tinha sido apresentado alguns anos antes e tinha ganhado força entre os usuários e desenvolvedores, especialmente no espaço corporativo e, bem, a IBM era a IBM. Assim, a agência que há tempos cuidava da publicidade da Apple veio com um antídoto radical: o tema fora retirado do livro *1984*, de George Orwell, e o anúncio trazia trabalhadores olhando para uma tela que era finalmente destruída por uma jovem mulher enquanto o locutor dizia: "Em 24 de janeiro, a Apple Computer irá apresentar o Macintosh. E você verá porque 1984 não será como *1984*".

Sculley estava incomodado com a propaganda; a mesa diretora a detestou. Jobs, claro, adorou. Steve Wozniak disse: "Isso somos nós", e o vice-presidente de marketing decidiu seguir em frente.

Atualmente, o anúncio é considerado uma obra-prima e uma das campanhas de publicidade mais eficientes de todos os tempos. O anúncio, todavia, iluminou as diferenças entre Steve, Mike Sculley e os demais líderes da empresa.

A PRIMEIRA SAÍDA

A princípio, as vendas do Mac foram boas, mas os números logo cederam em virtude da fraqueza da economia e do esgotamento da multidão. A 2 mil dólares, o Mac ainda era caro e não havia muitos programas compatíveis com ele. Isso mudou em 1985, com a introdução da LaserWriter e do pacote de programas Aldus PageMaker.

LaserWriter, uma das primeiras impressoras a laser bem-sucedidas comercialmente, era parte da visão maior de Jobs em dar ao Macintosh (e aos computadores em geral) uma utilidade. A LaserWriter não apenas proporcionou o novo mercado de *desktop* que Raskin havia concebido inicialmente, mas sua força visual e gráfica colocou a Apple na vanguarda de fontes criativas e gráficas durante os anos que se seguiram.

Ainda assim, nem tudo ia bem com a empresa, especialmente considerando as diferenças de visão e de estilo entre Jobs e Sculley e os demais, que buscavam um modelo de negócios mais maduro. Jobs e Sculley não conseguiam entrar em um acordo a respeito da comercialização do Mac. Sculley queria vendê-lo para empresas e contratou um grande número de vendedores apenas para fazer esse trabalho. Queria controlar o espaço de prateleira nos distribuidores, imitando o modelo de distribuição de refrigerantes. Jobs via o Mac como um produto voltado para o consumidor e queria estabelecer uma distribuição direta com a FedEx para aumentar a velocidade dos serviços, reduzir os investimentos nos canais de distribuição e proporcionar um melhor contato com o consumidor — um precursor do bem-sucedido modelo de negócios direto da Dell.

Jobs e Sculley não conseguiam entrar em um acordo a respeito disso e de uma série de outras questões. A empresa estava se tornando mais baseada em vendas do que na criação de produtos. Isso irritou Steve Jobs e, infelizmente, levou muitos notáveis empresários, incluindo Mike Markkula, a se posicionarem contra ele. Sculley disse a Steve que ele não comandaria mais a equipe do Mac, e que teria de ocupar uma posição hierarquicamente inferior: a de diretor de tecnologia. Como não queria fazer parte disso, o que Steve Jobs fez? Entrou em seu carro e partiu — uma partida que duraria 11 anos.

Em um depoimento em 1995, no Smithsonian Awards Program Oral History, Steve falou sobre o problema — que não foi o rápido crescimento da empresa ou a mudança em sua carreira, mas sim uma mudança radical nos valores de uma empresa baseada na criação de produtos para uma empresa baseada no dinheiro. Muito corretamente, ele via o dinheiro como um efeito e o produto como uma causa — se você se concentrasse no produto, as caixas registradoras iriam se encher. A equipe de gerenciamento estava aplicando exageradamente as lições aprendidas em MBAs (prática padrão nos negócios), desviando o foco que antes estava no produto e diluindo a visão. Aquilo não funcionaria em uma empresa baseada na criação do produto, que alcançava seu sucesso por meio da inovação.

Em um comentário mordaz durante uma entrevista, Jobs afirmou: "John Sculley arruinou a Apple. E a arruinou trazendo consigo uma série de valores corruptos e corrompendo algumas das pessoas que estavam lá. Sculley expulsou alguns que não eram corruptíveis e levou mais corruptos para os quais pagou dezenas de milhões de dólares e que se preocupavam mais com a glória e riqueza próprias do que com construir, em primeiro lugar, a Apple, que estava fazendo ótimos computadores para todos usarem".

Sculley, por sua vez, escreveu em seu livro de memórias, *Odisseia,* que Jobs "era um fanático; sua visão era tão puritana que ele não poderia acomodá-la às imperfeições do mundo". E Sculley continuou a pôr em dúvida a visão de Jobs, afirmando se tratar de um "plano lunático", pois "a alta tecnologia não poderia ser concebida e vendida como um produto de consumo".

Sculley e Jobs eram claramente como óleo e água, embora tivessem encontrado equilíbrio durante algum tempo. Aquilo definitivamente foi uma experiência de aprendizado para Steve e provavelmente reforçou sua determinação em seguir um caminho diferente, por exemplo, na criação de sua própria loja em vez de disputar espaço nas prateleiras das lojas existentes.

Apesar das diferenças, Sculley e Jobs finalmente começaram a reconhecer as contribuições um do outro ao legado da Apple e, ocasionalmente, trocavam *e-mails*. Quando Jobs se despediu, Sculley enviou uma nota: "Steve, devo muito a você. Por conta de você ter se preocupado tanto, o universo é um pouco diferente. Você criou produtos que são elegantes, atraentes para o usuário e viciantes, produtos que nos fazem sorrir... John".

John Sculley e o resto do mundo podem não ter percebido isso quando Jobs deixou a Apple em 1985. No entanto, após ganhar experiência em duas outras áreas e voltar para a Apple em 1996, Jobs começou a trilhar um caminho que faria os sentimentos de Sculley falarem pela maioria de nós.

CAPÍTULO 2

RENASCIMENTO

Acho que se você faz algo e isso é muito bom, você deve seguir em frente e fazer outra coisa maravilhosa, e não se debruçar sobre a mesma coisa por muito tempo. É preciso apenas descobrir o que virá em seguida.

Steve Jobs, NBC Nightly News, 2006

De acordo com várias fontes, a princípio Steve não soube lidar muito bem com sua saída da Apple. Todavia, como logo veremos, aquela foi uma experiência de amadurecimento. Como desistir nunca foi uma de suas características, Steve logo deu início a outra empresa, a NeXT Computer — uma espécie de Apple *top* de linha, cuja ideia era produzir uma espécie de Macintosh também *top* de linha. Jobs empregou uma considerável quantia de sua fortuna pessoal para abrir a NeXT, que acabou sendo um fracasso. Mas ele também conseguiu comprar uma empresa de animação gráfica, divisão da Lucasfilm que mais tarde se tornaria a Pixar. Contudo, em vez de vender caras estações de trabalho gráficas, a Pixar acidentalmente se transformou em uma produtora de longas-metragens em virtude de um acordo com a Disney.

Tanto com a NeXT quanto com a Pixar, mas especialmente com essa última — sobretudo por causa do acordo firmado com a Disney —, Jobs teve a oportunidade de trabalhar com "gente grande" e combinar suas energias criativas com poderosas forças empresariais e mercadológicas. No caso da NeXT, Jobs falhou quase globalmente, mas ganhou algumas boas experiências e aprendeu bastante a respeito de interconectividade, *software* e outras pedras fundamentais que, por fim, dariam forma à próxima geração de produtos da Apple.

Na Pixar, Jobs aprendeu muito sobre gerenciamento de grandes equipes técnicas em um ambiente criativo e sobre "grandes negócios" — mais uma vez, em virtude das relações com a Disney.

Quando Steve fez seu retorno de conto de fadas à Apple, em 1996, deu de cara com uma bagunça completa. A empresa estava perdendo dinheiro e tinha em grande parte se resignado a ocupar um mercado de nicho bastante especializado e em lenta redução. À época, Jobs estava preparado para, praticamente sozinho, transformar a empresa, de uma atrasada e provinciana fabricante de computadores à potência digital que conhecemos hoje. Muitos observadores não acreditam que essa mudança teria ocorrido se não fossem os onze anos de hiato de Steve — e o próprio Steve, acredito, concordaria.

Nesses anos, seu estilo de liderança se desenvolveu juntamente com sua intensa visão do consumidor e do produto, mas também trouxe a maturidade necessária para trabalhar em um ambiente corporativo. Além disso, Jobs desenvolveu uma presença de palco e a "cara do produto" jamais alcançadas antes.

A NeXT

Embora tivesse uma fortuna de 200 milhões de dólares quando saiu da Apple pela primeira vez, Steve Jobs não estava disposto a parar de criar produtos ou deixar de perseguir sua visão. O que ele faria? A resposta é bastante simples: abriria uma nova empresa.

Jobs abriu a NeXT Computer Inc. — batizada assim muito apropriadamente — usando boa parte de seu próprio dinheiro. O objetivo da NeXT era projetar a "próxima geração do Macintosh", uma máquina dos sonhos mais poderosa voltada para usuários de ponta e para o mercado de educação superior. Embora o NeXT tenha de fato se tornado o primeiro verdadeiro servidor da Internet, ele era muito caro, muito "enfeitado" e "pobre" demais em *softwares* para alcançar o sucesso para o qual fora criado. Todavia, o sistema operacional central desenvolvido para ele se tornou o modelo para o altamente bem-sucedido sistema operacional OS X ("OS Ten"), e alguns de seus elementos se tornaram o bilhete de volta de Steve para a Apple, no final de 1996, trazendo de volta também o sucesso para a empresa.

O NeXT também ofereceu outra inovação com o NeXTMail, uma clara manifestação da visão de Steve de que os computadores deveriam ser interpessoais, isto é, conectados em rede. O NeXTMail foi o primeiro sistema de *e-mail* baseado em gráficos e que permitia que fossem integrados, clicáveis e visíveis. Após vender 50 mil máquinas, a NeXT Computer arrefeceu e passou a enfatizar a criação de programas, até ser vendida para a Apple em novembro de 1996.

Embora, de acordo com as avaliações mais tradicionais, a NeXT tenha sido um fracasso, foi ela que de fato permitiu que Steve Jobs refinasse e amadurecesse seu estilo de liderança, além de tê-lo ajudado a alimentar seu lado criativo. A NeXT era um ótimo lugar para trabalhar, tanto para Steve quanto para seus funcionários, e serviu como um importante passo e um novo começo no caminho que ele trilharia a seguir.

O próprio Jobs praticamente disse isso em seu discurso para a turma de formandos da Universidade Stanford em 2005, uma frase agora famosa: "Eu não vi isso na época, mas, no fim, ser demitido da Apple foi a melhor coisa que poderia ter me acontecido. O peso de ser bem-sucedido foi substituído pela leveza de ser novamente um iniciante, de ter menos certeza de todas as coisas. Isso me deixou livre para entrar em um dos períodos mais criativos da minha vida".

ALÉM DE *TOY STORY*

Não estava nos planos de Steve comprar uma divisão da Lucasfilm, mas, por causa de um acordo em um processo de divórcio, o empreendimento que se tornaria a Pixar foi colocado à venda em 1986 por 10 milhões de dólares. Jobs o comprou com a ideia de desenvolver *hardwares* gráficos de alto padrão. Tais produtos nunca decolaram, não se tornaram vendáveis, mas a empresa conseguiu um grande feito.

A Pixar estava produzindo alguns curtas-metragens premiados, como "Luxo Jr.", estrelado por duas simpáticas luminárias. Tratava-se de uma apresentação da Pixar Image Computer, que não ia muito bem. Steve, todavia, sentiu que a Pixar jamais ganharia impulso do jeito que estava e procurou algo maior. John Lasseter, um ex-animador da Disney que na época trabalhava na Pixar, tinha apresentado o roteiro de um filme de animação maior chamado *Tin Toy*. Lasseter produziu um curta que impressionou Jobs, a ponto de o empresário decidir correr o risco e investir de seu próprio bolso. Jobs e Lasseter procuraram a Disney com a intenção de vender a ideia como um programa de uma hora. Entretanto, a Disney viu aquilo como um longa-metragem.

Daquela ideia, surgiu o fenômeno de bilheterias *Toy Story*. Houve algumas falhas na produção e alguns problemas com a Disney, mas o filme, lançado em 1995 e após cinco anos de trabalho, foi um enorme sucesso e redefiniu a Pixar como uma produtora de filmes, e não apenas uma fabricante de *hardware*. Até o momento, a Pixar já lançou mais de uma dúzia de longas, e o estúdio nunca perdeu dinheiro. Em 2006, Jobs vendeu sua participação na Pixar para a Disney por 7,4 *bilhões* de dólares em ações da Disney, o que o tornava o maior acionista.

Em seu papel na Pixar, ele era mais um líder empresarial do que criativo, lidando com negociações e relações com a Disney. Jobs praticamente deixou os responsáveis pela criatividade sozinhos para fazerem seu trabalho, algo que ele geralmente não costumava fazer quando se tratava de *hardware*. Embora muitos especialistas questionem a confiança de Jobs em seus funcionários, ele contratava boas pessoas e colocava bastante fé em seu talento e na capacidade de elas tomarem decisões, especialmente quando se tratava de assuntos que não dominava.

DE VOLTA PARA O FUTURO: STEVE RETORNA PARA A APPLE

A Apple passou por uma espécie de "período negro" desde que Steve deixou a empresa, em 1985, até seu retorno, em 1996. A empresa tentou alavancar a plataforma Macintosh para vários gostos, tamanhos e formas. O único sucesso entre esses lançamentos foi o PowerBook, uma poderosa, embora ainda pesada, versão do Mac. O produto oferecia portabilidade, capacidade de conexão em rede e cor ao espaço ainda por ser definido dos *notebooks*. Além disso, o PowerBook serviu de modelo para outros que viriam.

Mas o padrão Apple se tornava cada vez mais marginalizado durante esse período, e a empresa definhava enquanto o Windows captava todo o crescimento de computadores pessoais, especialmente com o grande sucesso do lançamento do *Windows 95* acompanhado de *hardware* muito mais barato em virtude da memória e dos poderosos processadores que se tornaram disponíveis no mercado. A Dell e a Compaq dominavam o espaço, especialmente no mundo corporativo. A resposta da Apple foi processar a Microsoft por copiar a interface gráfica do Lisa, mas isso nunca teve continuidade. Finalmente, após uma série de produtos e anúncios fracassados, Sculley conheceu a porta da rua (apontada por Markkula, na verdade).

As coisas não melhoraram com os esforços dos dois CEOs seguintes: Michael Spindler e Gil Amelio. A empresa, aliás, perdeu dinheiro durante três anos, de 1996 a 1998. Amelio escolheu se concentrar no corte de custos operacionais, o que raramente é uma estratégia eficiente. A empresa lutou para entrar em outros mercados, como o de PDAs (Personal Digital Assistant — Assistentes Pessoais Digitais), também conhecidos como *palmtops*, e lançou o Newton, outro enorme — e oneroso — fracasso. Amelio, entretanto, conseguiu enxergar o sistema operacional do NeXT como algo interessante para a próxima geração de Macintosh. Além disso, a Apple também trouxe Steve Jobs de volta como parte de um acordo de 429 milhões de dólares.

Todos podiam ver o que estava prestes a acontecer, exceto Amelio. Logo ele também foi demitido pela mesa diretora, insatisfeita com os resultados na queda do preço das ações. Steve Jobs assumiu como CEO "interino" ("iCEO", como alguns especialistas, inclusive o próprio Steve, referem-se ao cargo) após ser um enérgico conselheiro durante algum tempo.

É difícil imaginar esse cenário hoje em dia, mas em 1997 a Apple realmente estava com a corda no pescoço. A empresa tinha vários produtos, mas a maioria deles era apenas versões requentadas dos *desktops* e *notebooks* Mac. Além disso, a Apple tinha falhado com o Newton; a cotação de suas ações estava caindo exponencialmente; a empresa contava com um grupo de seguidores pequeno, sobretudo *designers* gráficos, estudantes e professores; não tinha um *killer app*; seu sistema operacional estava ficando velho e ultrapassado e não era nem um pouco atraente; seus programas eram limitados e muitos títulos que não tinham sido desenvolvidos para a plataforma Mac não funcionavam satisfatoriamente; seus revendedores estavam desaparecendo... E, enquanto isso, o Windows estava em ascensão.

A Apple estava agora produzindo e catalogando quinze plataformas de produtos e milhares de variações dessas plataformas. Steve imediatamente enxergou uma combinação de dois fatores que formavam um problema fundamental: falta de foco e direção de estratégias insuficiente. Era como atirar uma série de coisas na parede e esperar para ver o que ficaria grudado — e essa definitivamente não era a fórmula do sucesso em nenhum negócio, sobretudo no mercado de tecnologia. Steve viu isso como uma extensão da batalha pelo espaço nas prateleiras — muitos produtos, mas nenhum particularmente bom; quantidade, e não qualidade. Isso não era bom nem para os produtos em si, nem para a área, nem para a marca e, acima de tudo, não era nada bom para o consumidor. E não era bom para a rentabilidade, já que exigia muitos recursos espalhados muito amplamente.

Portanto, Steve entrou em ação. Ele olhou para o mercado e o viu como um simples modelo de quatro quadrantes: uma dimensão era o Cliente, dividido em Consumidor e Profissional; a outra dimensão era o Produto, dividido em *Desktop* e Portátil. Jobs queria uma plataforma para cada um dos lados do modelo de quatro quadrantes e nada mais. Usando essa abordagem, no final de 1998 ele já havia diminuído o número de produtos específicos de 350 para 10. O Modelo de Liderança de Steve Jobs estava prestes a explodir, e a Apple, prestes arrebatar o mundo e assumir seu controle.

VOU TER UM IMAC

Nesse ínterim, a Internet se tornava cada vez mais popular não apenas no mundo corporativo, mas também entre os consumidores comuns. Então, Jobs teve uma visão para um projeto novo e ousado de um novo computador "all-in-one", com painéis laterais coloridos, um drive óptico (leitor de CD), uma porta USB, *sem* drive para disquete e uma "parte traseira que parecesse mais bonita do que a parte da frente de qualquer concorrente". Os detalhes do projeto eram desenvolvidos pelo renomado *designer* industrial inglês Jonathan Ive, em um laboratório secreto.

O iMac foi uma ousada afirmação num momento em que os computadores tinham se tornado caixas beges realmente entediantes. O novo computador da Apple foi projetado para encher os olhos dos consumidores em qualquer loja: ele todo era arrojado e celebrava a mudança para um novo milênio.

A máquina funcionou — e vendeu muito bem, além de receber ótimas críticas dos especialistas. O iMac e seus descendentes, juntamente com o renovado e altamente visual sistema operacional OS X, apresentado em 2000, devolveu à Apple seu papel de líder no mercado de computadores pessoais de *design*, e se não em termos de números, pelo menos em termos da valorização de seu fiel e crescente público.

E o que significa o "i" no nome iMac? Quando o iMac foi inicialmente lançado, a Apple alegou que o "i" era por causa da "internet". Embora isso seja plausível, o "i" também representa tacitamente o posicionamento da máquina como um equipamento pessoal ou "individual". A força dessa única letra minúscula se provou enorme para o mercado, além de indicar uma visão não muito distante dali e os primórdios da transformação da Apple de uma empresa de computadores para uma empresa de tecnologia digital. Em sua agulha: o iPod.

A VISÃO GANHA TRILHA SONORA

No auge do *boom* da Internet, o mundo da música sofreu um pequeno abalo. Seu nome era Napster e, pela primeira vez, as pessoas podiam baixar e compartilhar músicas através da Internet — gratuitamente. Era complicado e mais tarde foi considerado ilegal, mas o fato é que podia ser feito.

Steve Jobs percebeu isso, e ele era um amante da música. Viu com bastante clareza que o mundo da música se tornaria digital algum dia e pensou na experiência dos consumidores — o que era e o que deveria ser.

Downloads confiáveis. Tecnologia simples. *Design* conveniente e personalizado. Facilidade na compra de novas faixas. Receitas e lucros justos para os vendedores envolvidos. Tratava-se de uma visão bastante óbvia (olhando em retrospecto), mas o então estado da arte estava muito longe de aceitar isso.

Fast forward: o iPod foi um resultado feliz. Um pequeno disco rígido de 1,8 polegadas havia sido desenvolvido pela Toshiba, no Japão. Aquela era uma solução à procura de um problema. Os poucos tocadores de música que haviam sido produzidos antes se baseavam em *chips* de memória, portanto não eram capazes de armazenar uma grande quantidade de canções — e certamente não eram capazes de armazenar bibliotecas inteiras.

A inovação é a síntese. Os consumidores queriam um aparelho que pudesse armazenar várias canções — uma biblioteca inteira seria o ideal. Todavia, o aparelho precisava ter uma autonomia de bateria suficiente para tocar essa biblioteca; tinha de fazer o *download* das músicas de forma rápida e eficaz — em cinco segundos, não em cinco minutos. E os consumidores queriam que o aparelho fosse simples, e não que tivessem de lutar com dez botões minúsculos enquanto tentavam navegar pela biblioteca. Além disso, esses mesmos consumidores queriam uma loja simples, arrojada e relativamente barata para adquirir suas músicas.

O que Steve Jobs fez? Reuniu tudo isso e ofereceu uma solução completa. O drive de 1,8 polegadas forneceu o armazenamento; uma nova bateria forneceu a autonomia; outro produto da Apple, o FireWire, forneceu o *download* rápido. Mas e quanto à loja de músicas?

Bem, esse fator exigiu certa criatividade. O próprio Steve apresentou essa última peça da visão à indústria musical, que timidamente já se armava contra a ideia de *downloads* pela Internet. Ele propôs o preço de 99 centavos de dólar por faixa, o que era barato o suficiente para que a maioria dos consumidores aceitasse a proposta de um *download* fácil e legal, e também alto o suficiente para oferecer às gravadoras um lucro aceitável. Era uma situação em que as duas partes saíam ganhando, e aquilo proporcionaria um enorme fluxo de receita para a Apple, uma vez que o produto original era vendido.

Tudo isso foi apresentado no lançamento ocorrido no final de 2001. Jobs teve o papel fundamental de juntar todas as peças de um quebra-cabeça que os consumidores tentavam montar — e nem sequer tinham consciência disso até começarem a usar o iPod e o iTunes. As vendas até 2011 já haviam ultrapassado 300 milhões. Um crescimento meteórico dos lucros da empresa veio imediatamente e, hoje em dia, cada vez mais pessoas gastam cada vez menos tempo ouvindo músicas em aparelhos de som e indo a lojas para comprar CDs.

SUCESSO DE UM ÚNICO BOTÃO: O IPHONE

O sucesso do iPod encorajou Steve e sua equipe a enfrentarem outro grande desafio colocado pelos consumidores: o telefone celular. Os consumidores odiavam seus telefones, assim como os engenheiros da Apple odiavam os seus: os aparelhos eram feios e muito complexos, tinham vários botões, deselegantes teclados retráteis e funções insuficientes, além de não serem nada divertidos ou interessantes.

Em resumo, os engenheiros da Apple rapidamente projetaram uma solução elegante e simples: o iPhone. O aparelho tinha um único botão, como o iPod, era a síntese da miniaturização e do *design* do iPod, tinha elementos do Mac OS e excelentes tela, bateria e outros itens de *hardware*.

E, como o iPod, a verdadeira vitória foi desenvolver o "ecossistema" em torno do telefone — no caso do iPhone, os chamados "aplicativos". Uma grande rede de desenvolvedores, agora contando mais de 100 mil, viu como a plataforma era atraente e imediatamente começou a trabalhar para projetar novos aplicativos. Atualmente, há mais de 500 mil aplicativos disponíveis na loja da Apple. Os aplicativos têm suporte para o telefone e o telefone tem suporte para os aplicativos. Essa relação simbiótica ainda não foi alcançada por outros desenvolvedores (o Google está tentando com o Android OS), o que cria uma enorme vantagem competitiva.

Isso tudo forneceu a base para o passo seguinte.

JUNTANDO TUDO: O IPAD

Você tem aplicativos, tem uma loja de aplicativos, tem o iTunes, tem uma excelente tecnologia de telas, tem uma excelente tecnologia de telas sensíveis a toque (*touch-screen*) e tem um visual cada vez melhor, um mundo cada vez mais conectado com redes Wi-Fi e serviços de conexão 3G. Já há *e-books* e leitores de *e-books* por todos os lados. Há jogos e vários outros conteúdos eletrônicos em forma de jornais, revistas e assim por diante. E você tem uma sólida camada de consumidores cansados da complexidade, da forma, dos *boots* demorados, do tamanho e do peso, da posição das telas para leitura e da relativa inconveniência dos *notebooks*. E esses consumidores querem estar conectados em tempo real tanto quanto possível, em todos os lugares possíveis.

O que você faria? O que Steve Jobs fez?

Steve Jobs trouxe ao mercado o iPad, foi isso o que ele fez — algo quase óbvio após o iPod e o iPhone.

As pessoas acharam a ideia tão interessante que fizeram fila na frente das lojas da Apple em todos os lugares para ver aquele aparelho. Era possível navegar pela Internet, assistir a vídeos, ler livros ou jornais, e até mesmo jogar em quase todos os lugares — e a experiência era realmente fácil. Não havia *mouse* nem teclado físico; tampouco havia a necessidade de uma mesa ou superfície reta para usá-lo.

A maioria dos consumidores não sabia do que precisava até ver o que precisava. E esses consumidores se apaixonaram à primeira vista.

O iPad se tornou o principal dispositivo usado pelos consumidores para o acesso à Internet, ao passo que o PC foi relegado a um papel de nicho para atividades que um PC realiza bem — armazenar uma grande quantidade de dados, escrever e criar extensos relatórios e PowerPoints, e realizar outras tarefas mais abrangentes. Algumas pessoas precisam realizar tais tarefas com mais frequência do que outras, mas o iPad captura o que a maioria das pessoas fazem com os computadores *na maior parte do tempo*. O dispositivo foi uma epifania brilhante e uma síntese do que já existia — para o crédito da Apple e da liderança de Steve Jobs.

NA CONTRAMÃO: ALCANÇANDO A EXCELÊNCIA NO VAREJO

Desde que os primeiros Apple I desapareceram das prateleiras da The Byte Shop em Mountain View, Califórnia, a Apple tinha vendido seus produtos por meio de distribuidoras. Com o tempo, a Apple havia criado uma rede de revendedores autorizados e exclusivos e, no final dos anos 1990, também tinha começado a vender através de cadeias de megalojas como CompUSA e Best Buy.

A rede de revendedores servia muito bem para a Apple, mas estava começando a diminuir conforme a sorte da empresa diminuía, em meados dos anos 1990. Os computadores tinham se tornado itens especializados e os consumidores tinham começado a comprá-los levando mais em consideração o preço e a configuração — além disso, eles queriam poder escolher entre a Apple e os PCs Windows, na época em franco crescimento. A indústria em crescimento migrou para as grandes cadeias de distribuidores.

O problema era que os funcionários que essas cadeias contratavam para trabalhar com produtos de informática não costumavam ser especialistas em computação — e muito menos eram especialistas em Apple e seus produtos. Eles eram vendedores, e seu objetivo era livrar-se de caixas. Não lhes importava, de fato, qual marca estavam vendendo.

SEM VENDEDORES DE CARROS USADOS, POR FAVOR

Enquanto isso, no final dos anos 1990, o fabricante de PCs Gateway havia aberto sua loja própria como parte dos esforços para diferenciar sua marca e vender seus serviços de assistência como uma extensão do produto como um todo. A princípio, essas lojas se deram bastante bem, particularmente porque contavam com a simpatia da empresa, cujas raízes estavam em Dakota do Sul. Todavia, logo esse conceito se esgotou: a Gateway mudou sua sede para San Diego, a simpatia desapareceu e a empresa perdeu as características que a haviam tornado bem-sucedida anteriormente. As pessoas queriam poder comparar todos os preços dos PCs, testá-los e comprar impressoras e outros acessórios em conjunto. Tudo isso afastou os consumidores das lojas da Gateway e os enviou para as grandes cadeias de revendedores.

Steve Jobs não gostava da experiência com grandes cadeias de revendedores, pois acreditava que aquilo era prejudicial para a marca Apple. E costumava comparar tal experiência à experiência de comprar um carro usado, quando os consumidores tinham a "oferta do dia" empurrada goela abaixo. Não havia ligação com a marca, exceto talvez com o próprio revendedor — e, mesmo nesse caso, a ligação nem era tão intensa assim. Steve via a experiência de compra como uma extensão do produto como um todo, e queria o controle dessa experiência para transformá-la em algo positivo e aumentar o envolvimento emocional com a marca Apple.

Steve queria um formato de revenda que enriquecesse a vida das pessoas — uma extensão óbvia da filosofia de seus produtos.

UMA LOJA QUE "PENSA DIFERENTE"

Quando Jobs revelou sua intenção de abrir uma cadeia de lojas da Apple no ano 2000, a maioria dos especialistas da indústria ficou desconfiada. Eles tinham testemunhado o fracasso das lojas da Gateway e sentiam que a Apple teria de fazer um grande investimento em lojas físicas quando o *boom* da Internet e o sucesso das cadeias de megalojas sugeriam um curso diferente.

Steve estava certo de que queria fazer isso, mas sem cometer os mesmos erros da Gateway. Além disso, reconhecia que não era nenhum especialista em varejo e, portanto — pela primeira e única vez na história da Apple —, contratou consultores para lhe mostrarem o caminho. Jobs também recrutou dois dos mais visionários especialistas em revendedoras da época: o ex-executivo da empresa de varejo Target, Ron Johnson, que anteriormente havia contratado o *designer* Michael Graves para adicionar elegância diferenciada aos produtos da Target, e o ex-CEO da Gap, Michey Drexler. Drexler juntou-se à mesa diretora e Johnson tornou-se o gerente de operações de varejo.

Johnson, Jobs e a equipe de varejo trabalharam duro para projetar uma elegância diferenciada para o formato da Apple Store. Investiram em uma aparência clara, organizada e bem iluminada, com alguns dos materiais e toques de *design* encontrados nos produtos da Apple: superfícies brancas e brilhantes; toques de metal nos lugares certos; linhas simples e elegantes. Eles queriam que os consumidores pudessem experimentar o produto, de modo que todas as peças do mostruário deviam estar preparadas e conectadas à Internet (compare isso à sua típica experiência em cadeias de megalojas!). Notoriamente, Steve envolveu-se com o projeto e a função dessas lojas, sendo bastante específico sobre cada detalhe, do chão ao teto (literalmente).

Os produtos eram agrupados por função, o que, na época, era o quadrante que Jobs havia estabelecido quando retornara à Apple em 1997: *Desktop* ou Portátil, Consumidor ou Profissional. Quando a primeira Apple Store foi aberta, em maio de 2001, o iPod ainda não havia sido lançado, de modo que a loja tinha apenas linhas de computadores para exibir, especialmente o cativante e colorido iMac.

Um toque agradável veio na forma do "*Genius Bar*", um balcão de atendimento localizado na parte de trás da loja, parecido com o que se encontra nos *lobbies* da luxuosa cadeia de hotéis Four Seasons. Outro toque agradável foi a dispensa das caixas registradoras tradicionais — e, consequentemente, das filas para pagamento — encontradas na maioria das lojas de varejo. Em seu lugar, equipamentos sem fio e portáteis carregados pelos funcionários, que, por sua vez, poderiam oferecer assistência para compra, acompanhamento e consultoria durante toda a visita à loja. O ponto óbvio era oferecer aos consumidores uma experiência completa pré e pós-venda.

Em resumo: nenhuma outra experiência na venda de computadores tinha chegado perto do sucesso da Apple Store. As 357 lojas abertas em todo o mundo, em números de julho de 2011, tornaram-se concentradores de atividade e locais de destino em muitos *shopping centers* espalhados pelos Estados Unidos. Tiveram inclusive de tomar medidas de controle de público quando novos produtos, como o iPad, foram lançados. A resultante expansão da marca da Apple e da disposição de seus consumidores a pagarem um preço mais alto produziu uma receita incalculável para a Apple Inc.

As Apple Stores são um exemplo puro do espírito inovador, da visão e da paixão de Steve Jobs pelos consumidores. Elas representam um exemplo puro de seu estilo de liderança.

"INFELIZMENTE, CHEGOU O DIA..."

Steve Jobs morreu tranquilamente, em 5 de outubro de 2011, de parada respiratória em virtude de um câncer no pâncreas em estado avançado.

Pouco antes disso, em 24 de agosto de 2011, ele havia anunciado seu afastamento do cargo de CEO da Apple, embora permanecesse como presidente da mesa diretora. Em suas palavras: "Infelizmente, chegou o dia em que não posso mais cumprir com os deveres e expectativas que o cargo de CEO da Apple exige".

A saúde cada vez mais debilitada de Jobs e os acontecimentos que levaram a seu afastamento são amplamente conhecidos e documentados. Em meados de 2004, ele anunciou que tinha sido diagnosticado com um raro, embora tratável, tipo de câncer no pâncreas. Após passar por tratamentos alternativos baseados em dietas por nove meses, Jobs passou por uma complexa cirurgia (conhecida como procedimento Whipple) para a remoção do tumor.

Os resultados iniciais foram positivos e, embora Jobs tivesse perdido peso e ganhado uma aparência debilitada na época, ele fez o famoso discurso na Universidade Stanford, em 2005, com estilo e permaneceu como CEO ativo durante os três anos seguintes, ao longo dos quais fez várias apresentações — que o tornaram tão famoso. As especulações a respeito de sua saúde continuaram até o final de 2008, quando Steve anunciou que a apresentação no Macworld, em janeiro de 2009, seria feita pelo vice-presidente de marketing Phil Schiller.

Durante aquele mês de janeiro, Steve revelou que "[seus] problemas de saúde eram mais complexos do que pensava que fossem". Ele então tirou uma licença médica de seis meses, durante a qual fez um transplante de fígado. Retornou com um excelente prognóstico e, enquanto as especulações continuavam, ele levava normalmente suas obrigações como CEO da Apple.

Em janeiro de 2011, Steve anunciou outra licença médica, mas dessa vez não ofereceu mais detalhes. Apesar disso, ele voltou para o lançamento do iPad 2 e fez a apresentação principal na Worldwide Developer's Conference. Ele até mesmo deu uma pequena entrevista para o Cupertino City Council em junho de 2011, e falou sobre os planos da enorme sede nova (chamada de "nave espacial" em virtude de seu formato), que seria construída em uma propriedade comprada da Hewlett-Packard em Cupertino, onde a empresa operava. Jobs estava abaixo do peso, mas aparentemente normal.

O resto é história. Ao que parece, Steve conhecia seu destino, pois tinha autorizado — e, segundo algumas fontes, encarregado — o jornalista e ex-CEO da CNN Walter Isaacson a fazer uma biografia sua de 650 páginas. De acordo com Isaacson, Jobs explicou em uma última entrevista, pouco antes de morrer, por que tinha autorizado o trabalho: "Queria que meus filhos me conhecessem", disse Jobs. "Eu não estive ao lado deles o tempo todo, e queria que eles soubessem o porquê e entendessem o motivo de eu ter feito o que fiz".

Jobs provavelmente conhecia seu destino, como mostra a seguinte citação do discurso que ele fez na Universidade Stanford em 2005:

> *Lembrar que eu estarei morto logo é a mais importante ferramenta que já encontrei para me ajudar a fazer grandes escolhas em minha vida. Pois tudo — todas as esperanças externas, todo o orgulho, todo o medo de dificuldades ou de falhas — todas essas coisas simplesmente desaparecem diante da morte, deixando apenas o que é importante. Lembrar que você vai morrer é a melhor forma*

que conheço de evitar a armadilha de pensar que você tem algo a perder. Você já está nu. Não há razão para não seguir seu coração.

Steve Jobs, acima de tudo, seguiu seu coração. E, como líderes, todos nós estaremos bem servidos se o seguirmos.

CAPÍTULO 3

MODELO

Democracias não criam grandes produtos; para isso é necessário um tirano competente.

Jean-Louis Gassée, ex-vice-presidente de Desenvolvimento de Produtos da Apple.

O Modelo de Liderança de Steve Jobs é superior a qualquer outro, e os resultados alcançados por ele deixam isso claro: a veneração e a idolatria que a imprensa financeira, os especialistas em inovação, os gurus da tecnologia e grande parte do mundo do consumo dedicam a esse modelo são abundantes e óbvias.

Então, qual é a diferença entre esse modelo e os modelos clássicos que aparentemente são praticados em toda a América corporativa (ou em todo o mundo)? Qual é o segredo que faz o modelo de Jobs funcionar — e funcionar muito melhor do que o que muitas pessoas aprendem nas escolas de negócios ou até mesmo em seus próprios empregos? Como o "bom" se transforma em "excelente"? Como Jobs levou 40 mil pessoas a fazerem a coisa certa, dia após dia, e ainda ficarem tão felizes a ponto de quererem repetir o feito? Por que nenhuma outra organização de criação de produtos com 40 mil funcionários ou mais foi capaz de dar tanto lucro para seus acionistas? Será que Steve Jobs colocou um dedinho pra mudar o modelo tradicional de liderança? Se sim, como?

TODOS OS LÍDERES SÃO TIRANOS

As questões que acabaram de ser colocadas são o que nós, na condição de estudiosos do modelo de liderança de Steve Jobs, realmente precisamos alcançar. E a citação de Jean-Louis Gassée na abertura deste capítulo indica o caminho no sentido de definir como é o estilo de liderança de Jobs, por que ele funciona e em que sentido é diferencial.

Será que a "democracia" da Apple teria sido bem-sucedida sem Jobs? É provável que não. Nós realmente não precisamos especular sobre essa questão, pois vimos isso claramente quando houve a queda da fortuna da Apple, a decadência da marca e a diminuição do oferecimento de produtos entre 1985 e 1996, período em que Jobs esteve ausente.

E quanto ao "produto"? Pode haver um "p" minúsculo (o produto em si, a coisa que vem dentro da caixa e é plugada na tomada pelo comprador) ou pode haver um "P" maiúsculo, representando uma linha de produtos ou, para todos os efeitos, um negócio. Seja como for, a história do comércio está cheia de produtos que não funcionam projetados por democracias que não funcionam.

Agora, vamos considerar a segunda parte da citação, e aqui vou direto ao ponto: *todos os líderes são tiranos.* Alguns são simplesmente mais competentes do que outros.

Para alguns líderes, a tirania é algo comum, vivido diariamente, ao passo que, para outros, trata-se de um estilo de reserva, uma postura invocada quando os acontecimentos se tornam mais complexos e complicados. No entanto, todos os líderes são tiranos. A diferença é o objetivo. A diferença é, de fato, *por que* eles estão agindo com tirania. É por causa de dinheiro e de poder? É para controlar as outras pessoas, permanecer no alto e levar todo o crédito? Ou é para alcançar um feito e conquistar a realização de uma visão? Acredite, isso faz uma enorme diferença.

E sobre essa coisa da competência, uma palavra: todos nós já vimos como competência e sucesso podem se encontrar e substituir outras questões desagradáveis. Há o líder que sabe o que está fazendo e inspira confiança e há aquele que não sabe o que está fazendo, torna-se confuso e se apoia em sua posição para diminuir os membros de sua equipe. Embora ambos os tipos de líderes descritos possam alcançar resultados imediatos, sabemos qual deles será capaz de vencer a longo prazo.

A competência vence. E, como aprendemos com Steve Jobs, a competência com uma pitada de tirania cria respeito, une as equipes e consegue que as coisas sejam feitas mais rapidamente.

DEFINIÇÕES CONVENCIONAIS DE LIDERANÇA

Todas as escolas de negócios e a maioria dos livros sobre o assunto apresentam variações de uma fórmula bastante simples de liderança. Obviamente, elas são um tanto quanto resumidas e (não surpreendentemente), como vimos, Steve Jobs tomou um rumo diferente.

Esses modelos e manuais são criados para gerentes atuais e aspirantes, e em geral incluem tanto os aspectos *sociais*, para influenciar os outros e conseguir que as coisas sejam feitas, quanto os aspectos *estruturais,* para conseguir que as coisas sejam feitas em uma organização.

As definições de liderança em negócios geralmente se concentram nos aspectos transacionais e transformacionais da liderança. Os aspectos *transacionais* para se conseguir que uma tarefa seja realizada por um grupo incluem planejamento, organização, aferimento, comunicação, correção do curso e recompensa da equipe — e tudo isso pode ser chamado de influência na tarefa. Os aspectos *transformacionais* dizem respeito ao estabelecimento de visões, à geração de ideias, à motivação da equipe, ao estímulo do pensamento criativo e à representação da equipe no mundo *fora* da empresa — e tudo isso pode ser chamado de influência social.

Há dezenas de variações sobre esses aspectos, mas muito do que é ensinado se resume à sequência de ações projetadas para definir um grupo, definir um objetivo para esse grupo, comunicar um objetivo para esse grupo, dar poder e motivação para que esse grupo seja capaz de alcançar esse objetivo e, finalmente, comunicar externa e internamente o seu sucesso.

- *Planejamento.* A primeira coisa a fazer é decidir a meta e como ela será alcançada — o que geralmente é a combinação de esforços individuais e de equipe. A meta deve ser específica, compreensível e mensurável. Seja um projeto de negócios ou uma trilha nas montanhas, um líder deve mapear a tarefa e o tempo, determinar os passos a serem seguidos e conseguir a adesão da equipe.

- *Organização.* Uma vez que você tem uma meta, é necessário organizar a equipe de maneira eficaz para alcançá-la. Isso inclui recrutar, treinar, delegar e comunicar a meta, os objetivos, as tarefas e o tempo de execução. Todos devem receber orientação ou concordar com uma tarefa específica a ser realizada em um tempo específico, e recursos devem ser fornecidos para que a meta seja cumprida. Um projeto deve ser combinado corretamente: todos os participantes da caminhada devem saber o que é preciso levar na viagem.
- *Motivação.* Nesse ponto, o líder deixa claros os benefícios do cumprimento da tarefa transmitida ao grupo e quaisquer outros benefícios individuais que possa haver. O líder deve trabalhar tanto individualmente quanto com o grupo para remover obstáculos, fortalecer a equipe, fazê-la pensar no sucesso de todos e *querer* se esforçar para isso. Todos devem estar entusiasmados com o projeto e saber o que ele pode oferecer a cada um e ao negócio; os caminhantes devem estar animados para chegar a seu destino e acreditar que valem a pena o suor e as picadas de mosquitos que encontrarão pela frente.
- *Controle.* Embora esse termo soe como um ônus e aparente exigir um traço pessoal forte, ele na verdade significa dominar a situação, aferir os resultados, fazer as correções necessárias no andamento do projeto, comunicar essas correções e reforçar a motivação quando e onde for necessário, de modo a manter o projeto (ou a caminhada) na linha.
- *Comunicação.* Uma vez que o projeto, ou a tarefa, estiver completo, os resultados devem ser comunicados à equipe. É nesse ponto que o marketing e o proselitismo geralmente aparecem, mas eles podem também ser distribuídos durante todo o processo.

Ao longo do caminho, um bom líder deve adotar e usar traços de personalidade para ajudar a suavizar a tarefa e os processos sociais, incluindo ser autêntico e ter empatia, sensibilidade e consideração. Um líder competente se coloca no lugar de seus liderados em vez de exercer o poder da posição que ocupa e permanecer distante e intocável.

Você deve estar pensando que tudo isso soa muito "corporativo" e, de fato, essa impressão é verdadeira. Afinal, isso se parece mais com um processo do que com uma cultura. Aliás, muitas culturas corporativas falam dos processos de gerenciamento e de liderança. Steve Jobs — e outros líderes visionários — não olhavam para a liderança como um processo, e é provavelmente nesse ponto que reside a grande diferença — é nesse ponto também que, provavelmente, residem as lições mais importantes.

UM CONDUTOR DIFERENTE

Steve Jobs virou esses modelos tradicionais de cabeça para baixo. Ele não seguiu nem a estrutura nem a sequência da abordagem corporativa ou organizacional típicas. Seu modelo não era um processo — pelo menos não do tipo que a maioria de nós está acostumada.

O estilo de Steve era bem mais concentrado, mais direcionado para os detalhes e mais proselitista. Tratava-se de um estilo construído sobre uma visão do consumidor e do produto e sobre uma forte cultura de inovação que objetivava fazer coisas que já haviam sido postas em prática. Os funcionários de uma organização de Steve Jobs respondiam quase inconscientemente à sua influência e ao seu carisma.

Tanto a influência quanto o carisma de Jobs vinham de uma capacidade única de visualizar o consumidor e o produto, de uma paixão incomum pelo detalhe e de um histórico brilhante. Todavia, ele não se contentou em ser apenas um visionário.

Diferentemente de muitos visionários, ele também tomou posse do projeto e dos produtos, preocupou-se com os detalhes e com a execução. E foram esses últimos traços que estabeleceram sua *competência.*

Steve começou com o consumidor, criou uma visão e construiu, alimentou e aperfeiçoou uma cultura de inovação dentro de sua empresa (inicialmente composta por Steve Wozniak e, posteriormente, por milhares de outros). Somente então, com aquele contexto estabelecido, Jobs definiu a tarefa (um produto), despertou a paixão na equipe e no mercado, e fez com que a coisa fosse feita e depois vendida.

A força da visão e da paixão de Steve Jobs e a cultura de inovação que já estava estabelecida fizeram aparecer grupos apaixonados e tornaram a tarefa — e por fim as vendas — muito mais fáceis.

A PARTE "TIRÂNICA"

E, sim, havia espaço para ser um tanto quanto "tirânico" ao longo do caminho. Em muitos casos, a tirania parecia ser simplesmente uma manifestação da paixão de Steve, usada eventualmente para manter as forças criativas em dia. Era raro, se é que chegou a haver em algum momento, o exercício cru do poder simplesmente pelo poder. Era uma tirania da competência, não uma tirania do poder — e há uma enorme diferença entre as duas.

Steve Jobs não apenas dependia da própria competência, como também foi ao limite para infundi-la, algo que, obviamente, esperava que sua equipe também fizesse.

> *Meu trabalho não é pegar leve com as pessoas, mas reunir as coisas de diferentes partes da empresa, deixar o caminho limpo e conseguir recursos para projetos importantes. E levar essas pessoas maravilhosas que temos aqui e impulsioná-las, tornando-as ainda melhores do que são, além de criar visões mais agressivas de como as coisas podem ser.*

Essa obviamente era uma mensagem não de interesse próprio, mas de realização de um bem maior e de um objetivo maior para a organização. E, além disso, era uma mensagem que reconhecia a importância da visão. Todavia, essa mensagem e outras como ela foram interpretadas, com o tempo, como "grosseiras", "autocráticas", "manipuladoras" e "agressivas". Muitas pessoas que trabalharam com Steve relataram experiências em que Jobs fora temperamental, caprichoso e inacessível. Entretanto, a maioria dos funcionários, desde os cargos mais altos até os mais baixos, achavam-no uma pessoa fácil de lidar e com quem trabalhar, sempre pronto para oferecer apoio — desde que você estivesse dentro do programa e fizesse seu trabalho bem feito.

O OUTRO LADO

Mesmo assim, há vários relatos de tratamentos inadequados ou simplesmente desagradáveis que Steve Jobs teria dispensado a seus subordinados. Muitos desses relatos vieram à tona no que equivalia à consagração da carreira de Jobs após sua saída da Apple, anunciada em agosto de 2011.

Como observa o jornalista do *New York Times,* Joe Nocera, em comentários sobre a saída de Jobs da Apple em uma entrevista feita anos atrás: "Ele [Jobs] não era um criador de harmonia, mas um ditador que ouvia basicamente a própria intuição. Era um microgerente maníaco". E ainda: "Ele podia ser extremamente grosseiro nas reuniões: eu o assisti acabar com membros da equipe por causa de 'ideias patéticas'".

Peter Elkind, do programa *Money*, da *CNN*, descreveu uma abordagem de Jobs quase binária do mundo: ideias, produtos e trabalho eram "maravilhosos" ou "porcarias"; como funcionário, você poderia ser um "gênio" ou um "palhaço", termo frequentemente usado para designar alguém que não se encaixava no programa ou, pior, alguém que havia se perdido ao longo do caminho ou que "tentava levar algo para um lado que não considerava o consumidor". E essas abordagens de Jobs podiam mudar de uma hora para outra — essas mudanças eram descritas pelos funcionários da Apple como sua [de Jobs] "maldita cabeça de montanha russa".

Escrevendo para a *Forbes* e citando os comentários de Nocera em um artigo intitulado "Steve Jobs broke every leadership rule. Don't try this yourself" ("Steve Jobs quebrou todas as regras de liderança. Não tente isso"), Frederick Allen descreve a "cruel cultura corporativa da Apple [como] apenas um pedaço de um mistério que praticamente todo empresário gostaria de entender", e então continua e se pergunta: "Como a Apple faz isso?"

Allen postula, de forma bastante acertada, que a questão é a visão e o gênio — isto é, a competência — com uma dose saudável de carisma. "Vá em frente e comporte-se como ele [Jobs] se comportava, como CEO — contanto que você tenha todo o carisma que ele tinha, toda a visão revolucionária e todo o gênio inovador, juntamente com uma liderança e um temperamento implacáveis".

Tudo isso reforça a imagem de "tirano competente" que a citação de Jean-Louis Gassée traz.

CRIAR OU QUEBRAR REGRAS?

The Motley Fool, um site popular de investimentos (www.fool.com) há anos vem estimulando o pensamento de investidores individuais a partir da promoção de duas abordagens de investimento simultâneas: o portfólio *rule maker* e o portfólio *rule breaker*. O portfólio *rule maker* segue todos os critérios padrão de investimento: tem uma abordagem de valores que examina os pontos comuns que estão alinhados ao valor intrínseco da empresa. Siga o portfólio *rule maker* e você se dará bem em longo prazo. Contudo, será que você vai alcançar resultados "maravilhosos"?

Rule breakers, por outro lado, são ações que não seguem regras, mas têm um diferencial que torna o todo maior do que a soma de suas partes. *Rule breakers* olham adiante, veem além do horizonte, têm uma história, o intangível e o diferencial que apresentam acabam criando mais valor do que os fundamentos que já estão colocados no papel.

Rule breakers são geralmente empresas que "pensam diferente", empresas revolucionárias que não seguem as regras do dia, mas que, em última análise, comandam seus próprios universos e os mercados em que atuam. Elas alcançam maior cotação de suas ações (aferidas em preço/lucros e em outras medições) e, por causa disso, não são analisadas tanto por seus fundamentos — eles virão posteriormente. Hoje, Apple, Google e um número limitado de outras companhias seriam qualificadas como *rule breakers*, exatamente como a Microsoft, a Starbucks e outras que tiveram essa qualificação no passado.

Aqui, estamos falando de empresas, mas, como líder, Steve Jobs poderia muito bem ser descrito como um *rule breaker* ou como alguém que simplesmente seguia suas próprias regras.

Ayn Rand se encontra com Steve Jobs

Bem, não acredito que tal encontro tenha de fato acontecido, mas certamente teria sido interessante se tivesse. Se você procurar pela definição de *rule breaker* no site *Motley Fool*, chegará a uma citação adaptada do épico romance de Ayn Rand *A nascente*, adaptado por Edwin Locke em seu livro *The Prime Movers*:

> Os grandes criadores — os pensadores, os artistas, os cientistas, os inventores — permanecem sozinhos contra os homens de sua época. Toda grande invenção foi denunciada, mas os homens de visão clara e original seguiram em frente. Eles lutaram, sofreram e pagaram um preço por isso. Mas venceram...
>
> Os homens aprendem que é uma virtude concordar com os outros, mas o criador é aquele que discorda disso. Os homens aprendem que é uma virtude seguir a correnteza, mas o criador é aquele que nada contra ela. Os homens aprendem que é uma virtude ficarem juntos, mas o criador é aquele que permanece sozinho...
>
> O criador — negado, contrariado, perseguido, explorado — continua, segue em frente e carrega toda a humanidade com sua força vital.

Certamente, Steve Jobs é um exemplo bastante concreto de um desses criadores. Será que ele "carregou toda a humanidade com sua força vital"? Parece bem claro que sim.

UMA DEFINIÇÃO QUE STEVE GOSTARIA

Poderíamos falar da personalidade, do estilo e do sucesso de Steve Jobs durante um dia inteiro, mas não foi para isso que você comprou este livro, certo? A questão é tentar chegar à essência da pergunta feita por Frederick Allen: "Como a Apple consegue fazer o que faz?" Ou, mais especificamente, "Como Steve Jobs conseguiu fazer o que fez?".

Para começar, acho que nos seria útil voltar ao que o termo "liderança" significa em sua essência. Muitas pessoas ofereceram explicações complexas para o que significa "liderança", o que ela faz e que traços de personalidade exige. Poderíamos passar um bom tempo discutindo tudo isso. Ou podemos dar uma definição simples e essencial da qual, acredito, Steve teria gostado:

> ***"Liderança é a capacidade de fazer com que as pessoas queiram e sejam capazes de fazer algo importante."***

Vale a pena dedicarmos um minuto para analisar os três componentes dessa definição. A última parte — "fazer algo importante" — é crítica, pois as pessoas tendem a se juntar para fazer algo importante. Além disso, se as pessoas se empenham demais em fazer algo que acaba se revelando *não* importante, elas rapidamente param de investir esforços nisso.

Muitas definições de liderança contêm o aspecto "querer fazer", trazem a ideia de que bons líderes não trabalham por meio da coerção, mas da motivação. As pessoas que querem fazer algo para receber uma recompensa, seja física, seja financeira, tendem a fazer esse algo melhor e mais rapidamente.

Todavia, muitos líderes se esquecem de que indivíduos e equipes devem receber ferramentas e recursos para conseguir que o trabalho seja feito. Além disso, muitos líderes também se esquecem de outro fator: eles devem mostrar o caminho que deverá ser percorrido e remover quaisquer obstáculos. Os indivíduos e as equipes querem receber recursos, apoio e liderança quando precisam.

Ainda: muitos líderes, erroneamente, se apoiam mais na coerção do que na motivação para conseguir que seus funcionários queiram realizar uma tarefa. A coerção faz com que as pessoas sintam que *precisam* fazer algo, não que *queiram* fazê-lo. Quando isso acontece, elas raramente se sentem bem realizando tal tarefa até que esteja finalmente concluída — e nem mesmo essa sensação boa de dever cumprido dura muito tempo. Embora os funcionários da Apple, de modo geral, recebam bons salários e trabalhem em um ambiente agradável, a empresa, também de modo geral, não usou esse tipo de incentivo para impulsionar funcionários e projetos. Em vez disso, a maioria dos funcionários adere à visão e quer se tornar parte de algo maior.

Essa ideia alcançou o ápice quando o iPod se tornou a própria recompensa — as pessoas envolvidas no projeto do iPod fizeram um esforço extra não por causa de bônus e participações no capital da empresa, mas porque queriam um iPod para si!

Os três elementos da definição de liderança apresentada antes funcionam juntos: grandes coisas acontecem apenas se as equipes estiverem alinhadas de modo a querer realizar algo importante e se dispuserem dos meios para fazer isso. Dentro dessa definição, Steve fez o que pôde para fornecer a visão, as ferramentas e o ambiente para que algo realmente grande pudesse ser realizado.

O que Steve Jobs teria feito? Primeiro: teria descoberto algo realmente importante para ser realizado. Segundo: teria comunicado essa visão, fornecido um ambiente sólido para a equipe e se certificado de que as pessoas compartilhavam o desejo de realizar aquela tarefa. Terceiro: teria fornecido os recursos e removido os obstáculos que eventualmente estivessem no caminho.

REALIZAÇÃO, NÃO DINHEIRO E PODER

Com o passar dos anos, Steve ganhou respeito daqueles de dentro e de fora da empresa ao manter o foco na realização, apesar de sua fama e da fortuna que havia ganhado com suas empresas. Jobs raramente falava sobre dinheiro e, com exceção de algumas propriedades, ele não caiu nas armadilhas da riqueza. Foi um dos líderes mais influentes do planeta, embora não tenha usado seu poder para interferir na política ou nos assuntos de outras pessoas ou empresas. Com exceção das apresentações de seus produtos, ele se manteve relativamente discreto e teve uma vida mais parecida com a de qualquer um de nós do que com aquela vivida por pessoas em posições semelhantes à dele.

Isso contrasta claramente com a maioria dos executivos e CEOs atuais, que parecem preferir o dinheiro e o poder à velha e simples realização.

Para Steve Jobs, a realização era a meta. Dinheiro e poder eram o resultado. E isso era verdade tanto para ele, pessoalmente, quanto para a empresa que administrava.

Você é motivado pela realização ou é motivado pelo poder? Pense a respeito disso.

O ZEN DO RESPEITO

Para a maioria dos administradores e líderes de sucesso, o que vale no final de tudo é o *respeito*. O bom e velho respeito. Líderes e administradores que mereceram o respeito de seus seguidores são muito mais propensos a serem seguidos voluntariamente, suas metas tendem a ser entendidas como importantes, e os meios para alcançar essas metas costumam ser efetivos. Acima de tudo, a equipe estará mais propensa a contribuir. Respeito cria confiança, confiança cria respeito, e o ciclo continua.

Líderes respeitados tendem a falhar menos porque sabem que a maioria de seus esforços resultou em sucesso. Líderes respeitados conseguem que as pessoas os sigam mesmo que não compreendam 100% de sua visão. Líderes respeitados têm o benefício da dúvida, que pode ser um grande aliado quando se está conduzindo uma grande empresa por águas incertas. Líderes respeitados também são propensos a respeitar e a confiar em seus seguidores. Quando líderes respeitam seus seguidores e seguidores respeitam e confiam em seus líderes, os portões para o sucesso estão abertos.

Steve Jobs era um seguidor do zen, e o zen está totalmente ligado ao objetivo de conquistar a iluminação e se sentir completo por meio da sabedoria trazida pela experiência. O respeito também é conquistado por meio da experiência, e Steve Jobs espalhou o princípio político do respeito ao máximo.

Contudo, como todos nós sabemos, é difícil conquistar o respeito. Além disso, ele geralmente não é conquistado por meio de esforços deliberados, que normalmente são rejeitados por outros como sendo óbvios e egoístas. O respeito deve vir natural e organicamente com o tempo.

A seguir, estão relacionados quatro meios que permitiram a Steve Jobs conquistar o respeito de seus funcionários, da indústria tecnológica e do público consumidor.

RESPEITO POR MEIO DA VISÃO

Steve, repetidas vezes, demonstrou que podia ver um pouco além do que o restante do mundo enxergava e que podia criar produtos que ultrapassavam as expectativas dos consumidores e definiam experiências de consumo que nem mesmo eles sabiam que queriam. Essa propensão a "guru" é uma das maiores — e mais difíceis de emular — fontes de respeito. Como vamos explorar mais adiante neste livro, se você ficar perto o suficiente do cliente e mantiver a motivação em mente, isso não garantirá automaticamente uma visão ou uma execução vencedoras, mas as tornará mais propensas a acontecer.

RESPEITO POR MEIO DO DETALHE

Funcionários geralmente adoram um líder que compreende o que eles estão fazendo e que é capaz de acompanhá-los nas trincheiras; sentem quando o líder tem empatia por eles e pelas batalhas que travam para conseguir realizar suas tarefas. Funcionários confiam no líder e o líder confia nos funcionários durante todo o tempo em que estão envolvidos em um projeto. E se os funcionários ficarem presos em um determinado ponto, o líder deve ser capaz de fornecer aconselhamento e direcionamento suficientes para que os problemas sejam resolvidos.

Até mesmo John Sculley reconheceu, mais tarde, uma das qualidades dos líderes visionários que Steve obviamente possuía: "estar em contato direto e íntimo com os detalhes internos, a ponto de perceber quando algo não está funcionando e ter o talento de ajustar as coisas em pleno voo".

RESPEITO POR MEIO DAS REALIZAÇÕES

Esse ponto praticamente não precisa de explicação. Steve acertou tantas vezes a respeito do produto e de seu mercado e construiu (bem) a empresa de capital aberto mais valiosa do mundo. Seria muito difícil não respeitá-lo por isso.

RESPEITO PELO FATO DE SER A CARA DO PRODUTO

Quando um líder está tão envolvido em um produto e em uma empresa que tende a ser sua face pública e parte de sua marca, isso se torna um atraente complemento à aura de liderança e respeito que eventualmente já exista. Vimos isso antes em outros líderes, como Lee Iacocca, e, em menor extensão, em Herb Kelleher, da Southwest Airlines, Dave Thomas, da Wendy's, entre outros. Eles vivem, respiram e estão completamente conectados a seus produtos e às experiências que estes proporcionam.

Líderes como Iacocca provavelmente estão envolvidos em todas as fases do desenvolvimento de um produto (como Iacocca esteve envolvido no desenvolvimento da plataforma de carros K da Chrysler) e são seu porta-voz. Esses tipos de conexão e esforços vão muito além do que deve ser esperado. Eles mostram as conexões com o produto, e não uma grandeza pessoal, que contribuem muito para a construção do respeito nas equipes *e* no cliente.

A MÃO DIREITA PARA A MÃO ESQUERDA

Steve Jobs era canhoto. Isso pode não causar surpresa em muitos de vocês que geralmente associam pessoas canhotas a um pensamento alternativo e contestador. Todavia, não é esse o ponto aqui.

O fato é que até mesmo Steve Jobs reconhecia suas limitações. Embora tivesse uma mente voltada para detalhes extremos no que dizia respeito a consumidores e produtos, Steve não se dava muito bem com os detalhes administrativos que faziam parte do comando de uma grande empresa. Apesar de evidências sugerirem que ele usualmente conhecesse as finanças melhor do que os responsáveis por elas, e que exigisse perfeição financeira da mesma forma que exigia perfeição em um produto, as finanças não eram seu forte. Assim, ao longo de sua carreira, ele sempre contou com uma forte e habilidosa "mão direita" para cuidar dos detalhes da administração de uma grande empresa de capital aberto e fazer todo o "outro trabalho", aquele que ia além do desenvolvimento e da venda de um produto. Mike Markkula, Mike Scott e John Sculley foram chamados para a mesa diretora para ocuparem o cargo de CEO no início (lembre-se, Steve tinha apenas 28 anos quando Sculley foi contratado). Jay Elliot trabalhou como vice-presidente sênior e braço direito de Jobs na segunda fase do sucesso da Apple, após seu retorno.

Um bom líder contrata um bom aliado, em quem deposita muita confiança. Eles se tornam "amigos de infância", embora devam estar estrategicamente alinhados, algo que obviamente mudou ou foi negligenciado durante os anos em que John Sculley comandou a Apple. Um bom visionário contrata ou faz parceria com uma pessoa estrategicamente aliada que irá ajudá-lo a levar o projeto adiante (Abraham Lincoln e Edwin Stanton; Bush e Cheney; e vários outros bem mais discretos). Isso parece bastante simples, mas é incrível como vários líderes (penso em Carly Fiorina, da HP) acham que podem fazer tudo e acabam falhando quando tentam fazê-lo

O MODELO DE LIDERANÇA DE STEVE JOBS

É bastante difícil definir o padrão de um visionário. Visionários como Steve Jobs não têm um padrão definido; agem por instinto e experiência, e o que fazem é bastante difícil de encaixar em um modelo definitivo — e definidor.

Todavia, todos nós precisamos aprender com Steve Jobs, e é esse o objetivo deste livro. Portanto, tentarei definir uma estrutura em torno de tudo o que Steve fez para ajudar você, leitor, a compreender a essência daquilo que o tornou um grande líder. Agora, lembre-se: isto não é um "manual de escoteiro" com uma abordagem passo a passo da liderança. Pelo contrário, trata-se mais de um processo de pensamento, de um estado de ser inspirado no zen, que você, líder que nos lê, pode emular, esteja você administrando um pequeno negócio ou uma empresa listada entre as quinhentas maiores pela revista *Fortune*.

OS SEIS PASSOS

Embora o estilo de liderança de Steve Jobs não obedecesse à sabedoria convencional, eu realmente consigo ver seis elementos críticos que podem ser livremente organizados em passos que o tornavam diferente — e que, acredito, Jobs seguia instintivamente.

No centro do estilo e do sucesso de Steve havia um foco inabalável e determinado no cliente e no produto. Esse foco em si separava Steve de muitos outros líderes, mais focados em questões financeiras e corporativas. O foco de Steve no produto merece um livro inteiro, e, aliás, vários já foram escritos sobre a história e o estilo da inovação da Apple.

De fato, acredito que o foco de Steve no consumidor e no produto é único e extraordinário, mas o que é igualmente extraordinário é o "tecido conjuntivo" que ele adicionou para conseguir que o produto fosse *feito* e, em seguida, *comercializado*.

Desse modo, vejo "consumidor" (um exame minucioso do consumidor e da experiência do consumidor) como uma peça única da liderança de Steve, e "produto" como outro passo, talvez mais óbvio e transparente. Mas o que há entre o consumidor e o produto?

É nesse espaço que, a meu ver, muitas empresas falham. Elas podem conhecer seus consumidores muito bem (embora eu acredite que a maioria delas não os conheça) e ter boas máquinas para produzir seus produtos. Porém, algo se perde na passagem de um para o outro. Curiosamente, veja os êxitos e os fracassos dos japoneses. Assim como Steve, os japoneses são bastante próximos de seus consumidores e de suas necessidades e podem produzir excelentes produtos. Todavia, a ausência de um tecido conjuntivo entre os dois (a falta de criatividade, a habilidade de ver um resultado global e uma relutância cultural em pensar de forma diferente — tudo isso junto) fica no caminho deles.

Acredito que Steve Jobs tenha se sobressaído e realmente se diferenciado nos dois passos entre conhecer o consumidor e produzir um produto perfeito e inovador. Esses passos são "visão" (a tradução da experiência e das necessidades do consumidor em um produto e em um conceito) e "cultura" (a criação e a manutenção de uma cultura de inovação organizacional que de fato possa fazer com que as tarefas sejam realizadas e que ultrapassem as expectativas de todo mundo).

Assim, temos quatro passos: consumidor, visão, cultura e produto.

Entretanto, produtos não se vendem sozinhos, e Steve não parou por aí. Ele era especialista em lançar e criar burburinho em torno de seus produtos, e mais do que qualquer outra empresa norte-americana de toda a história. Há, portanto, outro passo: a "mensagem", que inclui não apenas a mensagem ao público consumidor, mas também às equipes internas que as mantinham tão motivadas e ansiosas para trabalhar no iProduto seguinte.

Esses cinco passos definem o produto certo e o colocam no mercado certo — e, normalmente, eu pararia por aí, mas vejo outra coisa que não chega a ser um "passo", e sim um protocolo de Steve Jobs. Trata-se de algo um pouco mais abstrato. Acho que Steve pensava a respeito e aperfeiçoava continuamente sua marca pessoal (assim como a marca da Apple, afinal, ambas caminhavam juntas). Bons líderes conseguem que as tarefas sejam realizadas, mas a maioria deles não parece usar a abordagem certa ao vender a si mesmos suas organizações e o sucesso que têm. Isso constrói e solidifica o respeito em processo, permitindo que a ação se repita outra e outra vez. A construção de uma "marca" pessoal perpetua o sucesso.

Assim, temos seis "passos", ou elementos, do modelo de liderança de Steve Jobs.

1. Consumidor
2. Visão
3. Cultura
4. Produto
5. Mensagem
6. Marca

- *Consumidor.* Steve tinha uma maneira única de entender o que os consumidores precisavam ao compreender o que lhes causava desconforto no momento. A maioria das organizações assume uma abordagem errada (quando assumem alguma abordagem) na tentativa de compreender o que realmente está acontecendo com seus consumidores. O Capítulo 4 deste livro mostra como Steve via o cliente e a experiência do cliente.
- *Visão.* Obviamente, todos os visionários têm visão. Steve Jobs tinha uma maneira única de unir as necessidades e experiências dos consumidores a visões completas e globais de produtos e experiências de consumidores. O Capítulo 5 deste livro discorre sobre o funcionamento da visão "além do horizonte" de Steve e como ele espalhou essa visão por toda a sua empresa.
- *Cultura.* O ponto em que a maioria das companhias falha é, de fato, a cultura. A inovação é frequentemente estabelecida em uma espécie de torre de marfim longe de qualquer outro elemento da empresa, de cuja vida diária deixa de ser parte. Ou as pessoas não são recompensadas, ou são até mesmo desencorajadas a pensar fora dos padrões. O Capítulo 6 mostra como Steve construiu sua empresa por meio do recrutamento e do incentivo à inovação.

- *Produto.* Uma vez que temos a visão e a cultura, podemos começar a produzir os produtos. Todavia, esses produtos são "algo a mais" ou apenas pequenas caixas brancas plugáveis a uma tomada elétrica? O Capítulo 7 descreve como Steve e a Apple conceberam e desenvolveram produtos globais, que foram bem-sucedidos a ponto de redefinir mercados e deixar os clientes à espera do próximo avanço.
- *Mensagem.* Agora que temos o produto, precisamos criar a mensagem correta ao seu redor, de modo a chamar atenção e comunicar seu valor. A liderança de Steve não parava na criação de um produto: ele também o apresentava ao mercado pessoalmente. Jobs criava mais entusiasmo em torno de um produto do que qualquer outro líder na história, e o Capítulo 8 explora como isso funcionava.
- *Marca.* Por último, no Capítulo 9, tratamos da noção mais abstrata de construção de uma marca *pessoal* e de uma reputação, o que cria a atmosfera de respeito e credibilidade, facilitando a repetição do sucesso muitas outras vezes.

Esse modelo de seis passos é o esquema para os capítulos seguintes de *O que Steve Jobs Faria?* Vou trabalhar cada passo e expor "o que Steve Jobs faria" em cada um deles, com o objetivo de que, um dia, você também possa relacionar "o que *você* faria".

CAPÍTULO 4

CONSUMIDOR

Se eu perguntasse aos meus consumidores o que eles queriam, eles responderiam: "um cavalo mais veloz".

Henry Ford

A sala estava escura. A doceria estava cheia de M&Ms e havia também uma travessa com frutas secas. Nos fundos da sala havia uma bandeja de pequenos sanduíches, queijos e tipos variados de legumes — tudo pronto para ser consumido. E, é claro, havia muito café, chá, sucos, refrigerantes e água por todos os cantos.

A única luz na sala passava através do vidro que a separava de um grande auditório. O vidro era, na verdade, uma grande janela, de espessura igualável apenas ao de janelas à prova de bala - uma espessura que nem sequer deixava passar ruidos, limitando o recinto aos sons produzidos ali dentro.

A fluorescência banhava a sala em uma atmosfera branca com tons de amarelo e verde. Havia uma enorme mesa à qual seis pessoas estavam sentadas. Sobre a mesa, outras guloseimas espalhadas (guloseimas não tão boas quanto aquelas na outra sala) e alguns exemplares do último produto da empresa.

Às pessoas diante do vidro — escolhidas de forma supostamente aleatória — foi perguntado como usavam o produto da empresa, neste caso, um PC com Windows. Quando a questão chegou à senhora de vestido salmão, óculos e cabelos loiros ondulados, que estava em um canto, ela sorriu: "Tenho um cachorro que adora correr. Quando alguém abre a porta da frente, ele sai disparado; então, eu uso meu PC principalmente para fazer cartazes escrito 'procura-se cachorro'".

Os rostos mal iluminados da equipe de marketing de produto atrás do vidro e das doceiras esboçam risos e essas risadas ressoam. "Essa foi boa", murmura um dos gerentes de produto no canto. A risada desaparece rapidamente e as perguntas seguem para o próximo sujeito. "Uso meu PC para administrar as finanças domésticas e meus filhos o usam para fazer seus deveres de casa", responde.

E assim a sessão continuou. O grupo descobriu como seus clientes usavam as máquinas e percebeu algumas frustrações — a máquina não ligava rápido o suficiente, geralmente travava quando se estava navegando na Internet (algo a ver com *software*, aparentemente). E assim a sessão continuou, sem mostrar de fato um caminho a ser seguido.

UM ENTERRO DECENTE

Será que as pessoas que faziam parte daquela equipe de marketing de produtos realmente aprenderam alguma coisa? Será que tiveram algum *insight* real e útil com base na experiência do cliente? Será que obtiveram matéria-prima para quaisquer epifanias a respeito de como os clientes/consumidores usam esses produtos e o que eles *realmente* querem?

Improvável. Os membros da equipe de marketing de produtos voltaram para o hotel, dormiram após comer alguma coisa e, na manhã seguinte, tomaram um apetitoso café da manhã. Se eles conheciam melhor seus clientes/consumidores? Provavelmente, não. Afinal, eles, os membros da equipe de marketing de produtos, já haviam ouvido todas aquelas respostas antes. Se seus gerentes conheciam melhor seus clientes? Definitivamente, não — eles nem sequer participaram do grupo focal. E o relatório que posteriormente leram (*se* leram algum) seria diluído em uma linguagem corporativa de modo a não ser muito perturbador e, ao mesmo tempo, reforçar todas as coisas que a empresa estava fazendo direito.

É claro, nenhuma das pessoas envolvidas pôde fazer nada pelo que lhes fora dito na noite anterior, pois grupos focais não são estatisticamente significantes e, agora, é preciso que seja feita uma pesquisa quantitativa.

O relatório poderia ser lido ou não (ele fora preenchido como todos os outros). Quaisquer melhoras que pudessem ter saído daquelas duas horas de sessão estariam agora enterradas em um arquivo qualquer em algum lugar perdido da empresa, e provavelmente nunca mais seriam vistas de novo. A empresa validou o que pôde, e talvez tenha acrescentado um recurso ou uma melhoria aqui e ali para resolver o problema. E seguiu em frente.

A equipe de marketing, e também a empresa, continuou com o lançamento do próximo produto em seu planejamento.

Houve alguns ajustes, como mais rápido, mais barato e melhor, mas não diferente.

O cliente recebe um cavalo mais veloz.

A empresa fez o que as empresas geralmente fazem.

Será que a equipe de marketing entende de verdade o cliente/consumidor? Não. Ela marca um item ("pesquisa realizada") e continua com a "missão" essencial das empresas.

CAVALOS MAIS VELOZES NÃO FAZEM A DIFERENÇA

A história que acabamos de contar é verdadeira, embora uma série de detalhes tenha sido omitida. Eu estava lá, e a empresa que conduzia a pesquisa era uma das principais companhias de tecnologia do Vale do Silício.

Os detalhes omitidos não são tão importantes. A questão é que esse tipo de história acontece repetidas vezes, e é parte da razão de a Apple ser a Apple e de todos os outros serem... bem, serem os outros.

A citação do "cavalo mais veloz" era uma das favoritas de Steve Jobs. Se você perguntar a um grupo de consumidores como fazer um produto melhor, eles dirão o que há de errado com o produto em questão. Os consumidores irão lhe contar "a partir da experiência própria" que aquele cavalo é muito lento.

Naturalmente, o pessoal da produção irá se concentrar em projetar um cavalo mais veloz, sem perguntar, desde o início, se um cavalo é o produto certo. A parte de torná-lo mais veloz é mais fácil de ser trabalhada que a parte de substituir o cavalo. Todos entendem o cavalo. É mais fácil se concentrar em melhorar o cavalo.

Talvez a maioria de nós, "anticorpos" organizacionais, com todas as nossas desculpas de "porque não podemos" irá se levantar para atacar qualquer ideia que distancia a empresa de seu corcel adorado. Na maioria das empresas, esses anticorpos existem em todos os níveis, inclusive no âmbito da liderança. Os cavalos (as tecnologias herdadas) permanecem no lugar e, quando muito, recebem acréscimos e melhorias.

Steve Jobs fazia as coisas de uma maneira diferente. Ele não se contentou com o cavalo — o cavalo estava em jogo. Mais veloz, melhor, mais suave, menos alimentado e com menos horas sendo escovado no estaleiro seria legal, mas o que o cliente/consumidor realmente queria era conveniência. Veloz, sim, mas também fácil, enxuto, confortável, confiável, acessível, com uma manutenção mais barata, mais fácil de ser guardado — não é difícil ver agora, mas Henry Ford precisou enxergar isso.

A Apple e Steve Jobs, assim como Henry Ford, são famosos por não contratarem consultores, não fazerem pesquisa de mercado tradicional e não ouvirem os consumidores da maneira tradicional. O que, então, a Apple, Steve Jobs e Henry Ford sabem que a maioria das empresas dos Estados Unidos parece não saber?

O QUE HÁ DE ERRADO COM O "RELACIONAMENTO PRÓXIMO COM O CLIENTE"

Relacionamento próximo com o cliente — e todas as suas variações — estava na moda nas décadas de 1990 e 2000. Já durante a década de 1980, a moda era a qualidade e as técnicas de produção dos japoneses, o que deu maior impulso à ideia de realmente focar no cliente, observá-lo e ouvir seus desejos.

A internet, é claro, tornou isso possível e, imediatamente, nos anos 2000, começamos a ouvir sobre "projeto em colaboração" e *crowdsourcing*[1], técnicas nas quais o cliente não apenas oferece *feedback*, como também se torna parte do processo que ajuda a projetar o produto.

O relacionamento próximo com o cliente implica um relacionamento com esse cliente, uma proximidade que possibilita um diálogo que permite à empresa compreender seu cliente e vice-versa. Como em qualquer relacionamento, canais de comunicação sempre abertos e paciência podem extrair algumas ideias profundas que o cliente tem sobre a empresa, sobre os produtos e sobre a maneira como esses produtos são entregues e como o suporte a eles é oferecido. Como empresa, você, por sua vez, se assim escolher, pode juntar todas essas informações e trabalhar mais para deixar seu cliente feliz.

Esse é o padrão comum e, para a maioria das empresas (além de governos, escolas e outras organizações sem fins lucrativos), é a melhor coisa — é a coisa certa — a se fazer. Tais contatos mais íntimos, se bem executados e de fato usados para valorizar o cliente/consumidor, não fazem mal algum e, pelo contrário, podem até mesmo ser bastante úteis.

Todavia, há alguns limites importantes à abordagem "íntima" tradicional. O relacionamento próximo pode ajudá-lo a projetar produtos melhores e delinear uma experiência melhor para o cliente/consumidor, mas as melhorias resultantes tendem a ser graduais. Então, desde que você leve em consideração as seguintes deficiências, seus esforços para criar um relacionamento próximo com o cliente fazem sentido. Contudo, não espere que esse relacionamento próximo mude o mundo, como aconteceu com Steve Jobs e a Apple. Por que não? Porque não importa quão próximo você esteja de seus clientes, eles não podem lhe oferecer o discernimento de que você precisa para realmente mudar o mundo.

---

1 Modelo de produção que utiliza inteligência e conhecimentos coletivos e voluntários espalhados pela Internet para resolver problemas, criar conteúdo e soluções e/ou desenvolver novas tecnologias. (N. T.)

A MENTALIDADE DO CLIENTE/CONSUMIDOR

Ouvir os clientes/consumidores é ótimo, mas, na maioria dos casos, você terá as seguintes limitações:

- *Clientes podem ver apenas o que conhecem.* Como na sessão com o grupo focal descrita no início deste capítulo, a maioria dos clientes conhece apenas o que experimentou. Grande parte deles tem mais ciência dos defeitos e das dificuldades de usar os produtos do que das possibilidades que esses produtos eventualmente ofereçam. Você poderá ouvir reclamações sobre "pontos críticos" e até mesmo conseguir traduzir esses "pontos críticos" em problemas maiores, mas os clientes ouvidos não lhe dirão qual deve ser o passo seguinte.
- *Clientes podem ver apenas o que têm, e não o que não têm.* Se alguém lhe pergunta sobre seu carro, você vai responder sobre o carro que você possui agora ou sobre o que pretende ter em seguida? Além de citar algumas características que um concorrente já tem, você poderia ou diria a um fabricante de carros o que você não tem, mas quer ter? Clientes tendem a não ver além do seu produto e do produto do concorrente.
- *Clientes não veem o que* poderiam *ter.* Novamente, os clientes não enxergam muito adiante. Além disso, eles não conhecem a tecnologia (ou o financeiro) e não sabem o que é e o que não é possível. Nas próprias palavras de Steve Jobs: "Os clientes não sabem o que querem até que alguém lhes mostre".

Novamente, essas limitações não significam que você não deva ouvir seus clientes/consumidores. Trata-se simplesmente de saber o que você pode esperar quando se dispõe a ouvi-los, ou seja, ajustes graduais, não uma mudança sistemática e resultados revolucionários.

OS CLIENTES ERRADOS

A maioria das empresas fala mais com clientes maiores e/ou mais comuns, e também os ouve mais. Intuitivamente, isso faz sentido: você fala com as pessoas que enchem seus cofres. Mas essas são as pessoas que estão mais acostumadas com seus produtos e que dependem mais deles. Consequentemente, esses indivíduos tendem a solicitar apenas pequenos ajustes, pois estão felizes com o que já possuem — se não estivessem, seriam clientes/consumidores de outro fornecedor, e não seus, certo? Pior: dependendo do que você está vendendo, e desde que esses clientes/consumidores comprem muito desse produto, eles podem estar mais preocupados com a redução dos preços do que com a adição de novas funções.

A questão não é ignorar esse grupo de consumidores, mas perceber que novas ideias e novos mercados podem não nascer dessa fonte.

O TEMPO ERRADO

Os clientes agem no passado e no aqui e agora. Eles sabem o que você vende e sabem o que seus concorrentes vendem. Entretanto, eles não sabem do que precisarão em cinco anos — ou mesmo em um ano. Para ser mais direto, especialmente em se tratando de empresas direcionadas à tecnologia, os clientes não sabem ou não podem conceber o que é possível.

Em resumo, o relacionamento mais próximo com seu cliente irá ajudá-lo a descobrir quais são os problemas desse cliente se você ficar atento. Todavia, você precisa preencher as lacunas se quiser transformá-los em necessidades significativas para o cliente. E aí vai um aviso importante: se você ficar *muito* íntimo de seus clientes, apenas fará pequenos ajustes e se acomodará — e, pior ainda, nunca oferecerá nenhuma surpresa positiva.

EXISTE UM "C" EM LIDERANÇA

Quando você está na liderança, seja como CEO ou como supervisor do departamento de vendas, precisa entender profundamente o cliente. Não pode deixar que terceiros, como consultores, façam isso por você nem pode esperar que seus clientes lhe digam do que precisam (ou o que querem). Eles podem saber do que precisam para conseguir realizar as tarefas que têm de ser realizadas, mas será que sabem do que *realmente* precisam para que suas vidas sejam melhores?

O que tornava Steve Jobs diferente? Será que ele entendia a tecnologia melhor do que qualquer outra pessoa? Será que entendia o funcionamento dos produtos melhor do que qualquer outra pessoa? Será que era um orador melhor do que qualquer outro? Será que era um recrutador melhor do que qualquer outro?

Talvez. Contudo, o que realmente diferenciava Steve Jobs era sua compreensão acerca do cliente e sua *entusiasmada empatia* pelo consumidor. Ele tinha a habilidade de transformar as necessidades dos consumidores — necessidades "profundas" que eles nem sequer sabiam que tinham — em soluções.

É bastante simples: você não pode oferecer soluções se não souber qual é o problema. E Steve Jobs sabia qual era o "problema", o definia e trabalhava em cima dele melhor do que qualquer outra pessoa no planeta. Essa se tornou sua visão, ponto que trataremos no capítulo seguinte.

O conhecimento profundo do consumidor *é* o que frequentemente diferencia as empresas excepcionais. Um grande conhecimento e uma grande percepção do consumidor ajudarão você e sua empresa a tomarem a decisão correta. Como aprendemos com a Apple e com Steve Jobs, a expertise do consumidor ajuda bastante no estabelecimento do respeito e da credibilidade tão importantes para liderar com sucesso. Você sabe o que fazer, seus funcionários sabem que você sabe e eles sabem que podem contar com você para conduzi-los aos resultados acertados.

Como um líder, você deve se tornar a voz do consumidor na empresa. Precisa ser o representante de seu cliente/consumidor. Precisa visualizar o consumidor e a experiência dele e conduzir tudo a partir disso. Você é o ponto central para a forma como o consumidor irá perceber e enxergar sua empresa.

Entretanto, você não é a única pessoa que precisa fazer isso. A percepção do consumidor precisa também estar presente nas camadas inferiores e centrais da empresa. Mas não delegue tarefas simplesmente.

As camadas inferiores e centrais não podem desenvolver essa percepção para você. Se entregar essa tarefa para uma empresa, para uma organização, você terá uma solução "empresarial", "corporativa". E se entregar para pessoas de fora da empresa, terá uma solução "exterior" — o que estará bem distante da alma do seu negócio.

ENTENDENDO SEUS CLIENTES

Steve Jobs não tinha realmente um processo para desenvolver sua forte percepção do cliente/consumidor. Ele fazia isso intuitivamente, pensando nos clientes/consumidores e no que era e no que *poderia ser* um cliente/consumidor.

Fazia isso extraordinariamente bem e, é claro, todos nós gostaríamos de ser como ele. No entanto, alguns de nós, meros mortais, precisamos de algo mais parecido com um livro de receitas, de algo como dicas e uma lista de pontos a serem seguidos, especialmente quando redirecionamos nossa sensibilidade do cotidiano corporativo para o mundo externo e "profundo" das necessidades do cliente/consumidor.

Tentei reunir o que Steve Jobs faria em três passos essenciais. Esses passos pretendem desenvolver a percepção do cliente/consumidor que *todos* os líderes deveriam levar em consideração. São eles:

- *Enxergar* o cliente/consumidor.
- Enxergar a *experiência* do cliente/consumidor.
- *Ser* o consumidor.

Vamos analisar esses três passos um a um.

ENXERGAR O CLIENTE/CONSUMIDOR

Isso parece bastante fácil, não é mesmo? Basta observar ou ouvir seus clientes e tentar entender quem eles são, quais são suas experiências e suas necessidades, certo? Bem, sim, mas o diabo está nos detalhes.

Você pode quantificar e segmentar seus clientes com pesquisas e outros tipos de medições. Você pode ver seus clientes em ação usando um produto ou em uma loja, embora valha a pena ter cautela para evitar ser percebido — o que, eventualmente, pode causar mudanças de comportamento.

Tais atividades são um bom começo. Todavia, elas tocam o cliente superficialmente e podem apenas oferecer algum tipo de *insight* sobre quem são seus consumidores e o que eles fazem com seus produtos. No entanto, tais atividades permitem um aprofundamento no assunto, por assim dizer. Em outras palavras, atividades como as descritas nos parágrafos anteriores não mostram o que seus clientes *pensam* nem o que eles *podem fazer* com os produtos que você lhes oferece.

Para conseguir isso, Steve e outros realmente se esforçaram para entrar na mente de um consumidor — pensar como um consumidor. Eles queriam visualizar os clientes globalmente: quem eram, como se tornavam consumidores, o que pensavam sobre o estado das coisas no momento e o que pensavam sobre a concorrência. Steve levou sua empresa a fazer o mesmo.

Certa vez, perguntou a uma equipe: "Qual é a maior organização educacional do mundo?" Aparentemente, apenas duas pessoas entenderam a pergunta e responderam corretamente: a Apple. Portanto, um esforço especial foi despendido para pensar sobre seus consumidores, como eles viam a situação das coisas e, por fim, o que eles gostariam que um produto (atual ou futuro) da Apple apresentasse.

Além de conhecer esses e outros consumidores "centrais", Jobs tinha também uma visão bastante ampla de quem era o cliente. Pense no cliente de forma inovadora, não convencional. Pense naquelas pessoas que não são seus clientes agora. Como as tecnologias digitais podem ser usadas para melhorar a vida delas? Um bom exemplo é o consumidor "convencional" do final da década de 1990, que estava tentando entender as tecnologias digitais para fazer *downloads* de músicas da Internet. Como ele mesmo era um amante da música, Steve Jobs ficava fascinado com essa possibilidade: tratava-se de algo que podia ser feito muito melhor com a tecnologia digital, assim como a publicidade em rede e a computação gráfica haviam passado por uma revolução semelhante anos antes.

UM DIA NA VIDA DE...

Um jovem *designer* gráfico profissional, de 30 anos, que vive em uma cidade grande e vai para o trabalho de metrô. Uma dona de casa, mãe de duas crianças e dona de uma pequena loja de camisetas de *tie-dye*. Uma professora de 42 anos, que nas horas vagas dá aulas particulares de música. Um homem de 75 anos, perto da aposentadoria e dono de uma empresa.

Você conhece todas essas pessoas, não é mesmo? Claro que sim. Mas, você provavelmente não explorou as necessidades delas no que diz respeito à computação ou à mídia digital.

Uma ferramenta que as equipes da Apple usam é o desenvolvimento de *consumidores fictícios*. Consumidores fictícios são esquetes simples de um "estereótipo" de consumidor e seu comportamento típico. Esses personagens podem ser desenvolvidos e roteirizados dentro de uma variedade de experiências e necessidades dos clientes "verdadeiros", o que adiciona ao processo uma dose de realismo bem maior do que exercícios de segmentação tradicionais, que tendem a não trabalhar com mais do que quatro perfis.

Alguns desses perfis são convencionais, outros não. Desse contexto, uma série de ideias pode surgir e apontar o que está errado e o que poderia ser melhorado de acordo com a experiência do consumidor. É impressionante como são poucas as empresas que, em vez de fazer isso, continuam confiando em segmentações tradicionais de mercado como produtores, tecnólogos e assim por diante.

Enxergar o cliente é o primeiro passo para *pensar* como o cliente. Uma vez que tinha em mente a visão do cliente alvo, Steve, juntamente com sua equipe, avaliava aquela experiência e colocava-se no lugar daquele cliente. O objetivo desse exercício? Oferecer-lhes uma experiência nova, melhorada, que nem sequer lhes tinha passado pela cabeça.

ENXERGAR A *EXPERIÊNCIA* DO CLIENTE/CONSUMIDOR

Qualquer produto ou serviço é, essencialmente, uma experiência. Essa experiência começa quando um cliente vê um produto e termina quando o compra ou troca. A maioria das empresas está se adaptando à ideia de uma "experiência global do consumidor" e considerando os elementos dessa experiência - o chamado "produto global" - como o núcleo do produto. Todavia, algumas fazem isso melhor do que outras.

AS DIFICULDADES DO CLIENTE

Steve e suas equipes de projeto eram conhecidos por avaliar as fontes das dificuldades e do descontentamento dos clientes com determinado produto ou processo. Se um sistema operacional parasse de funcionar, fosse confuso ou demorasse muito para iniciar, se houvesse muitos botões em um telefone celular, se o processo de *download* de músicas fosse demasiado longo e complicado, Steve e suas equipes anotavam essas experiências imediatamente.

Essa abordagem incluía acessar não apenas as dificuldades associadas ao produto e seus processos relacionados, mas também as dificuldades sentidas por um cliente fictício. A equipe examinava a vida desse cliente, quão bem os produtos atuais atendiam suas necessidades e como ideias e produtos futuros poderiam transformar sua vida para melhor.

A apresentação da loja de músicas do iTunes, realizada em abril de 2003, é um ótimo exemplo da análise "das dores e dos prazeres" de uma experiência do cliente. Durante sua apresentação, Steve compartilhou quatro benefícios da experiência de *download* de músicas na época:

- Ampla seleção de músicas, "melhor do que qualquer loja de discos do planeta".
- Gravação ilimitada de CDs.

- Poder colocar músicas em um MP3 *player*.
- "É gratuito!"

Entretanto, havia outros dificultadores no processo, que diziam respeito não apenas à tecnologia, mas também ao fato de *downloads* não serem legais:

- *Downloads* não eram estáveis (podiam parar no meio do processo).
- A qualidade não era confiável.
- Não se podia ter um *preview*.
- Capas e outras informações eram indisponíveis.
- "É roubo!"

Steve seguiu em frente; chegou a mencionar que "a maioria das pessoas não se concentra nessas coisas", mas olha apenas para o lado bom do processo. Esses fatores problemáticos levaram-no às históricas negociações com a indústria fonográfica para criar o *download* de 99 centavos de dólar e a plataforma iTunes para baixar e gerenciar músicas. Ambas as ideias, consideradas contestadoras na época, tornaram-se normais. Nas palavras de Steve Jobs: "*Download* de música feito da forma certa".

SIMPLICIDADE *VERSUS* COMPLEXIDADE

Steve era um defensor das coisas simples. Complicadas sequências de teclas, como os abundantes controles do "botão direito do *mouse*" da Microsoft, deixavam ele e sua equipe de *designers* loucos. A abordagem principal era: "Como podemos melhorar uma coisa simplificando-a?" Em vez de discutir sobre como fazer manuais do usuário, a equipe lutava para torná-los obsoletos — e o mesmo valia para a "experiência do lado de fora da caixa", cujo objetivo era apresentar o produto ao cliente.

O iPhone, com seu único botão, é o melhor exemplo desse conceito, mas, ao longo de toda a história da empresa, especialmente desde 2000, o *design* físico e funcional dos produtos é simples, limpo, direto e claro. As equipes esforçam-se para alcançar a "simplicidade elegante", um conceito ao qual retornaremos no Capítulo 7.

EXPERIÊNCIA SENSORIAL

Quem vive na Costa Oeste dos Estados Unidos certamente conhece a cadeia regional de restaurantes *fast-food* In-N-Out Burger. Fundada em 1948 e ainda um negócio familiar, com 258 lojas espalhadas por quatro estados norte-americanos, a In-N-Out vende uma combinação simples de hambúrgueres e batatas fritas. A franquia conta com apenas quatro itens principais em seu cardápio, em contraste com as dezenas de opções oferecidas pelas concorrentes.

Uma lanchonete de hambúrgueres como modelo da experiência sensorial dos clientes? É bastante intrigante, mas é verdade. E as filas de pessoas à espera de seus sanduíches em qualquer hora do dia nos confirmam que se trata de algo especial.

Os hambúrgueres são bons e as fritas são muito boas, mas a experiência sensorial do início ao fim é excelente. Os avisos, os sons e o aroma são excelentes. Desde o momento que você se aproxima, os exaustores da cozinha, especialmente projetados, espalham o aroma pelos arredores. Quando você entra, o lugar é limpíssimo, e uma pequena equipe trabalha constantemente na manutenção. Quando você usa o *drive thru*, equipamentos grandes e com som de alta qualidade são usados para recolher seus pedidos — não há comunicação ruim. O atendente é preciso, articulado e inteligente (e recebe mais do que na maioria dos outros lugares). Se os funcionários sujam seus uniformes durante o trabalho, a troca é providenciada imediatamente. Uma enorme janela de vidro no *drive thru* permite ver tudo o que está acontecendo na cozinha. As batatas fritas são cortadas ainda cruas na hora e na sua frente.

Steve Jobs não administrava uma hamburgueria, e provavelmente o mundo está melhor por causa disso. Todavia, se o tivesse feito, o In-N-Out seria um bom exemplo de como seria esse estabelecimento. Steve e seus *designers* apreciavam a possibilidade de produtos carregarem consigo uma experiência sensorial. No caso dos produtos da Apple, não há realmente um cheiro, um aroma, mas existe a aparência, o toque e o som, e estes são de extrema importância. Qualquer *design* da Apple — incluindo a caixa e a forma como é feita a embalagem — considera a experiência sensorial do cliente. E os resultados são óbvios para todos aqueles que compram, abrem e usam um produto da Apple.

USANDO UM ESPELHO

Com o tempo, ficou claro que Steve Jobs tinha uma extraordinária habilidade para ver as dificuldades dos consumidores e compreender, além de sua experiência, aquilo que poderia ser aprimorado. Nós, meros mortais, podemos não ter tal clarividência, ou, se a temos, é provável que não confiemos tanto em nossas percepções. Então, vamos fugir rapidamente do tema deste livro e elencar algumas coisas que você pode fazer ou em que pode pensar para melhorar sua percepção e liderança sobre a experiência do consumidor:

- *"Hora da brincadeira"*. Nicholas Webb, especialista em inovação e autor de livros sobre o tema, usa este termo para descrever uma observação bastante próxima e em tempo real da experiência do cliente. O termo "hora da brincadeira" surgiu a partir da experiência do autor ao observar seus filhos brincando, mas ele a aplica à observação um cliente usando um produto. Dê um produto a um cliente — em uma caixa remodelada ou não — e veja o que ele faz com aquilo. Não se trata de um grupo focal, mas de uma observação global, e você está fazendo isso pessoalmente, como um líder de equipe.
- *Observe os erros dos primeiros movimentos.* A Apple geralmente não é a primeira a comercializar produtos na maioria das categorias em que trabalha. Computadores pessoais, MP3 *players*,

telefones celulares e *tablets* já existiam de alguma forma antes de a empresa de Cupertino aperfeiçoá-los. Prestar atenção nos primeiros erros cometidos pelos consumidores e determiná-los é uma ótima maneira de acrescentar valor ao consumidor e de conduzir uma organização. Os japoneses fizeram isso com os carros. A Southwest fez isso com o mercado de viagens aéreas. Não seja o primeiro — seja aquele que vai aperfeiçoar o produto.

- *Veja além da superfície.* Steve Jobs, intuitivamente, vislumbrava o que pairava sob a superfície do que estava causando dificuldades ao consumidor — e vislumbrava, acima de tudo, o que poderia ser feito em relação a isso. Você, assim como a maioria de nós, pode não ser capaz de fazê-lo — e isso não é um problema. Sendo assim, quando observar ou conversar com um cliente, tente chegar à seguinte pergunta: "o que realmente o está incomodando nessa experiência?". Pode ser que você não obtenha uma resposta útil, mas, certamente, não obterá nada se não perguntar.

Analgésico, por favor!

Há muitas dificuldades no mundo lá fora, mas há também muitas realizações, se você prestar bastante atenção. Uma coisa bem boba, mas que me irrita muito, é o crescente uso de leitores de código de barras. Quantas vezes você já precisou chamar o atendente para resolver o problema? Quantas dificuldades as mercearias têm causado aos clientes simplesmente para economizar um pouco com o pagamento de um funcionário. Pense nisso. Felizmente, algumas pequenas mercearias estão anunciando o corte dos leitores automáticos.

As dificuldades dos clientes proporcionaram uma boa oportunidade para a CarMax, um revendedor de carros usados em franca ascensão. Seu modelo de negócio consiste em fugir do processo estereotipado de venda de carros usados e adicionar um pouco de gestão auxiliada por computadores para tomar decisões sobre estoque e preços. Isso serve apenas para mostrar que inovações direcionadas ao cliente não precisam necessariamente ocorrer na área de alta tecnologia.

Outra coisa boba que pode ser bem irritante: a indústria solar. A energia solar ainda não "cruzou o abismo" para se tornar realmente comum. Será por causa da tecnologia? Acredito que não; atribuo isso, pelo contrário, às dificuldades que os consumidores têm em lidar com um revendedor ou com uma concessionária que, geralmente, faz toda a instalação parecer mais *high-tech* do que de fato é. Trata-se de um processo de venda, não de compra. Há uma grande campanha para a venda e o desembolso de uma grande quantia de dinheiro. Sendo assim, se os painéis solares estivessem disponíveis em lojas de materiais de construção e pudéssemos colocá-los onde e quando quiséssemos, usando apenas um interruptor facilmente instalável, muito mais pessoas — incluindo eu — migrariam para a energia solar.

Basta corrigir a experiência.

SER O CONSUMIDOR

Por fim, quando o cliente e sua experiência estiverem bem definidos e fixados em sua mente, o passo seguinte é arregaçar as mangas e se colocar no lugar dele, ou seja, ver as coisas através dos olhos do cliente. Esse é o terceiro e último elemento da "entusiasmada empatia" que Steve Jobs nutria pelo cliente. Mas volto a ressaltar: como líder, essa tarefa deve ser feita por *você*, e não simplesmente confiada a terceiros.

O processo pode ser realizado a partir de uma série de questões, como as que relaciono a seguir:

O QUE EU GOSTARIA?

Isso parece simples, mas fico surpreso em ver como a maioria dos líderes e administradores falham em levar em consideração o que eles mesmos — ou os consumidores comuns — gostariam que um produto apresentasse. Como a palavra liderança não começa com a letra "I", como a palavra inovação, é preciso, então, um "I" ("eu") para incutir essa inovação na liderança — e esse mesmo "eu" precisa se perguntar *e* responder à difícil, porém imprescindível, questão: "O que 'eu' gostaria de ver em um produto e/ou serviço?". Se você entendeu bem o consumidor, se observou com atenção tanto ele quanto sua experiência, não terá dificuldade em responder a essa questão.

Mas Steve Jobs foi mais longe. Além de pensar no que queria que um produto apresentasse, considerando apenas sua perspectiva pessoal, ele encorajava os membros de sua equipe a fazerem o mesmo. *Designers*, engenheiros, responsáveis pelo marketing, contadores, assistentes... todos eram encorajados a pensar no que *eles* gostariam que o novo *design* e o novo conceito de um produto apresentassem. Tudo é possível. E se você e várias outras pessoas quiserem e de alguma forma a coisa toda fizer sentido, bem, então vamos criá-la.

Os funcionários se entusiasmam mais quando estão trabalhando em algo que tanto eles quanto os consumidores reais querem de fato.

QUAIS SÃO AS NECESSIDADES PROFUNDAS?

Já falamos a respeito disso, mas vale a pena retomar. Será que um consumidor quer apenas um aparelho de reprodução de músicas portátil ou quer um aparelho que tenha um som incrível e ofereça uma experiência sensorial única, que seja realmente fácil de usar, além de bonito, prático e que suporte músicas baratas, que possam ser facilmente baixadas da Internet? É fundamental pensar na necessidade profunda, na necessidade *global* — e não apenas parar na primeira ou na segunda característica do produto que responda e resolva o problema do consumidor.

O QUE SURPREENDERIA E ENCANTARIA?

Se você se hospeda em um hotel comum, espera receber serviços comuns — uma cama razoavelmente confortável, toalhas limpas, nível razoável de silêncio, decoração agradável. Mas, e se você acordar e se deparar com um ótimo café da manhã, com o jornal oferecido gratuitamente e com serviço de camareira?

Sim, esses serviços são oferecidos apenas em hotéis caros, e você provavelmente espera tê-los quando se dispõe a pagar um valor mais alto. Mas o que acontece quando você paga um preço comum e mesmo assim os obtém? Esses "bônus" surpreendem e encantam.

Inversamente, se fatores "surpreendentes e encantadores" forem constantes, você finalmente estará mais disposto a pagar um preço mais alto. Consumidores respondem bem a características, experiências sensoriais e qualidades que os surpreendam e encantem, e pagam mais por elas. Surpresas simples são as melhores — surpresas que simplificam a experiência em vez de complicá-la ainda mais são as que causam maior impacto. Se abordar seu negócio ou empresa com a mentalidade de seu cliente/consumidor, você sempre irá levar em consideração o que poderia surpreendê-lo e encantá-lo. Lembre-se: clientes não têm a tendência de lhe dizer o que os surpreende e encanta porque conhecem apenas o que lhes é oferecido no presente — caso contrário, não seria uma surpresa, certo?

O que surpreenderia e encantaria um cliente em um produto e/ou serviço?

O PRODUTO TEM DE SER GLOBALMENTE POSITIVO

Um líder que pensa primeiramente no consumidor percebe que o produto como um todo é importante. Em outras palavras: o *software*, os serviços, a configuração, os meios de troca, as instruções, e assim por diante. Não se trata apenas da caixa, como a Apple tem mostrado amplamente. Nenhum produto da Apple é vendido sem um sistema operacional perfeito, um serviço de músicas perfeito e uma loja de aplicativos perfeita, todos funcionando conjuntamente para tornar a experiência ainda melhor.

Muitas empresas pensam apenas no produto e podem até procurar alcançar um nível de "surpresa e encanto" no que diz respeito à experiência com o produto, mas falham porque *não* pensam no produto como um todo — na experiência global — da mesma forma. Elas compram a ideia de que as características e as experiências secundárias *não devem ser negativas*, em vez de comprarem a ideia de que tais características e experiências *devem ser positivas*. Se o processo de vendas, a experiência com os serviços e a experiência com a troca estão OK e não são negativas, então tudo está bem.

Obviamente, um consumidor que ama seus produtos pode odiar o resto da experiência e procurar um concorrente. É interessante como a Toyota nos mostra os dois lados dessa moeda: ela vende carros excelentes identificados tanto como Toyota quanto como Lexus, sua divisão responsável por carros de luxo. Todavia, a experiência global da Toyota é terrível (os vendedores são abomináveis e os serviços, ruins), ao passo que os clientes da Lexus recebem um tratamento de rei durante todo o percurso da aquisição. Quanto a mais custaria para que a Toyota oferecesse a seus clientes a mesma experiência oferecida pela Lexus? Isso certamente ajudaria a melhorar a imagem global do produto.

Faça a si mesmo a seguinte pergunta: o que faria *todas* as partes da experiência global do cliente excederem suas expectativas? Quando você consegue responder a essa pergunta, passa a ter uma visão de 360 graus do cliente e está pronto para fazer sua empresa seguir em frente.

VOCÊ DEVERIA EXPERIMENTAR ISSO?

Você quer ser como Steve Jobs? Certamente. Mas é preciso gostar de armadilhas, e há uma enorme, que qualquer aspirante a Steve Jobs deve levar em consideração.

De forma bastante simples, Steve tinha extraordinários poderes para entender o consumidor e assumir sua visão. Ele nem sempre acertava, mas acertou vezes suficientes e de forma expressiva o suficiente para ser merecidamente considerado um especialista na experiência do consumidor, pelo menos no que dizia respeito ao negócio em que atuava.

E esses acertos foram bons para Jobs, que tinha experiência e dinheiro suficientes para correr o risco de estar errado. Tais acertos foram bons para ele, mas não é difícil ver que uma posição de sucesso assim tão estável poderia tornar alguém arrogante. Não estou dizendo que Steve Jobs era arrogante, mas é plenamente possível que alguém em seu lugar, e que insista em abordar as coisas como ele abordava, se torne superconfiante e acabe perdendo a humildade.

Nós, mortais, não podemos fazer isso. Provavelmente, não possamos confiar apenas em nossa intuição da maneira como Steve Jobs confiava na sua. Talvez tenhamos de estudar nossos consumidores um pouco mais do que ele costumava fazer, e é provável que precisemos de um pouco mais de ajuda externa do que ele precisava. Entretanto, temos de reconhecer as limitações que existem quando outros fazem isso por nós.

Pode ser que precisemos de treinamento por um tempo, mas, se compreendermos o processo corretamente e enxergarmos os clientes/consumidores como a base e o apoio de toda liderança, a probabilidade é de que as coisas deem certo.

Apenas precisamos nos proteger para o caso de elas darem errado.

Desenvolvendo nossa conectividade com o cliente/consumidor

Um exemplo do que Steve Jobs provavelmente poderia fazer e nós não — pelo menos não sem antes pensar um pouco — está no seguinte teste, extraído de um guardanapo de um restaurante em Cupertino, Califórnia, e apresentado pelo consultor de inovação Nicholas Webb em seu livro.

Teste dos três aspectos

- Você consegue descrever rapidamente três características de seus produtos que agradam seus clientes?
- Você consegue descrever rapidamente três características de seus produtos que deixam seus clientes frustrados?
- Você consegue descrever rapidamente três experiências que seus clientes tiveram com seus produtos recentemente?

- Você tem recebido três comentários úteis sobre seus produtos toda semana?
- Você esteve "em campo" pelo menos três vezes no último trimestre?

Se conseguir responder positivamente a essas perguntas, você e sua empresa estão no caminho certo.

VISÃO: A LIGAÇÃO ENTRE O CLIENTE E SUA EMPRESA

É claro, se você se tornar um especialista no cliente, mas não conseguir traduzir essa expertise em uma premissa ou em uma visão que sua equipe possa usar, não conseguirá criar produtos *definidores* do mercado. A mensagem: a liderança não se resume ao conhecimento do consumidor, o que provavelmente não é uma surpresa. Você precisa expandir sua percepção do consumidor para uma visão que o resto da empresa possa usar. Esse é o tema do Capítulo 5.

OUTRO LIVRO SOBRE INOVAÇÃO?

O que Steve Jobs faria? pode ter começado a soar como um livro sobre inovação. Há no mercado vários livros desse tipo; não se pode falar sobre Steve Jobs sem falar em inovação. Uma boa liderança exige inovação, sem a qual você não está, de fato, liderando, mas, pelo contrário, travando uma luta de contenção no mercado.

Uma boa inovação é uma das maiores diferenças entre liderar e ser liderado, não importa o que você faça dentro da empresa. Portanto, não, a inovação não é um tema isolado dos demais. A inovação é parte da liderança, e o conhecimento sobre o consumidor é parte da inovação. Esses princípios se aplicam independentemente de você estar no mercado de computadores pessoais ou no de batatas fritas.

O que Steve Jobs faria

- Seja responsável pela percepção do cliente e pela transmissão dessa percepção para sua empresa.
- Não delegue nem terceirize essa tarefa.
- Não presuma que os clientes/consumidores saberão ou dirão o que querem.
- Pense nas dificuldades do cliente/consumidor e no que as provoca.
- Pense nas "necessidades profundas" do cliente/consumidor.
- Considere o produto globalmente.
- Considere o que poderia surpreender e encantar seu cliente/ consumidor.
- Nunca deixe de acrescentar informação ao conhecimento que você tem do cliente/consumidor.

CAPÍTULO 5

VISÃO

Quando Steve acredita em algo, o poder de sua visão consegue literalmente apagar quaisquer objeções ou problemas. Eles simplesmente deixam de existir.

Trip Hawkins, ex-vice-presidente de estratégia e marketing da Apple

Em 7 de janeiro de 2008, de cima do palco no Macworld 2007, Steve Jobs, vestindo a habitual blusa de gola rulê, jeans desbotados e um par de tênis brancos, roubou a cena:

> *Hoje é um dia pelo qual tenho esperado ansiosamente há dois anos e meio. De vez em quando, um produto revolucionário aparece e muda tudo (e você tem muita sorte se trabalhar em pelo menos um desses produtos em sua carreira). A Apple tem bastante sorte. Ela tem conseguido apresentar alguns desses produtos ao mundo. Em 1984, apresentamos o Macintosh. Ele mudou não apenas a Apple; ele mudou toda a indústria de computadores* [aplausos]. *Em 2001, apresentamos o primeiro iPod. E ele mudou não apenas a maneira como todos nós ouvimos música; ele mudou toda a indústria da música. Bem, hoje, vamos apresentar três produtos revolucionários dessa mesma classe. O primeiro produto é um iPod com tela widescreen e controles sensíveis ao toque* [aplausos]. *O segundo é um telefone celular revolucionário* [aplausos], *e o terceiro, um dispositivo avançado de acesso à Internet* [aplausos].
>
> *Portanto, três coisas.*
>
> *Um iPod com tela widescreen e controles sensíveis ao toque. Um telefone. Um dispositivo de acesso à Internet.*

Um iPod. Um telefone. Um dispositivo de acesso à Internet.

Um iPod. Um telefone. Um dispositivo de acesso à Internet.

Vocês estão entendendo? Esses não são três aparelhos diferentes. Esses são um único aparelho. E nós o chamamos de iPhone [aplausos].

Hoje, a Apple vai reinventar o telefone celular. E aqui está ele [surge no telão a imagem de um iPod com um disco de telefone antigo. Risos].

Não, na verdade ele está aqui [Steve tira um iPhone do bolso e o segura diante da plateia extasiada].

Todos conhecemos o resto da história. O iPhone mudou a indústria de telefones celulares.

Isso foi em 2007. Voltemos para o presente. Jobs e sua equipe repetiram esse feito. Eles reuniram a forma e as características do iPhone ao tamanho e ao objetivo de um PC e criaram o iPad. E o iPad vem mudando toda a indústria de computadores pessoais.

E o que virá em seguida?

Não sabemos com certeza. O que sabemos é que, de tempos em tempos, Steve Jobs e a Apple redirecionam o rumo do jogo. De tempos em tempos, eles aparecem com uma solução incrível que agrega tecnologias com o objetivo de ultrapassar a concorrência. De tempos em tempos, surgem com algo incrível que ultrapassa as expectativas dos consumidores e cria novas experiências de consumo.

O que sabemos com certeza é que Steve Jobs não apresentava simplesmente um novo produto: ele articulava uma *visão*. E o que isso significa? Bem, é exatamente desse ponto que este capítulo irá tratar.

NÃO INVENTADO AQUI — APENAS APERFEIÇOADO

A Apple inventou o *smartphone*? O *tablet*? O MP3 *player*? A Apple inventou a tecnologia de *touch-screen,* ou memórias portáteis, ou o *download* de músicas, ou o *mouse* do computador, ou a interface gráfica do usuário?

Até onde sabemos, a resposta para todas essas perguntas é *não*. A Apple não inventou essas coisas; todas essas coisas já estavam no mercado em algum outro formato ou sendo trabalhadas em algum laboratório antes de Steve Jobs e a Apple entrarem em ação.

Steve Jobs e a Apple não inventaram essas tecnologias. Em vez disso, eles as aperfeiçoaram. E, ao aperfeiçoá-las, eles as combinaram e embalaram de forma bela. Eles as combinaram e embalaram de forma bela para atender ou extrapolar o desejo do consumidor — o desejo de ouvir música, o desejo de fazer ligações usando o telefone celular e o de acessar a Internet.

Jobs e a Apple combinaram de forma bela essas coisas que já existiam para *criar* as necessidades do consumidor — *necessidades futuras*, necessidades que sequer sabíamos que tínhamos. Necessidades como usar computadores para criar informativos e apresentações gráficas, armazenar bibliotecas inteiras de músicas e usar "aplicativos" simples para realizar tarefas diárias.

Steve Jobs e a Apple colocaram as tecnologias existentes em funcionamento. Eles as juntaram e as colocaram em embalagens realmente interessantes e bem projetadas — não apenas um belo *case* de plástico, de alumínio ou de titânio, mas também os serviços certos em seu interior. E, com isso, Jobs e a Apple oferecem aos consumidores experiências de consumo extraordinárias.

Então, como você transforma um monte de coisas que já existem em algo revolucionário? Qual é o segredo em recolher uma sólida percepção do cliente, aplicar a elas tecnologias existentes e, desse modo, (re)definir o mundo?

Tudo isso pode ser resumido em uma única palavra: *visão*.

Visão é a capacidade de ver o mundo que está por vir. É a capacidade de ver como ideias e tecnologias podem ser integradas para resolver um problema. Visão é a capacidade de ver como ideias, tecnologia e *design* podem ser redirecionados de modo a criar surpresa e satisfação aos consumidores.

Quando aplicada corretamente, a visão é a capacidade de ver como tornar melhor a vida do consumidor.

A DIFERENÇA ENTRE INVENÇÃO E INOVAÇÃO

A Apple inventou o iPhone? Sim, no sentido mais puro, a empresa o criou; entretanto, de modo amplo, a empresa o *inovou*. E o que isso significa?

Várias pessoas inventam coisas. Os escritórios de patentes do mundo todo estão lotados de ideias para coisas novas e originais, ou de formas novas e originais de fazer coisas, ou de formas originais e novas de mostrar coisas às pessoas. Todavia, o número de patentes que se transforma em produtos revolucionários — ou, no mínimo, marcantes — é incrivelmente pequeno.

Durante anos, gigantes da tecnologia, como Hewlett-Packard e IBM, se gabavam do número de patentes que foram registradas para tecnologias que tinham desenvolvido internamente. Gabavam-se na mídia e em seus coloridos relatórios anuais. Mas quantas das 3 mil ou mais patentes que essas empresas registravam todos os anos algum dia chegou ao mercado? Bem poucas, se é que alguma chegou. A última tecnologia revolucionária introduzida pela HP foi a impressora a jato de tinta — e isso foi em 1984! E qual foi mesmo a última revolução apresentada pela IBM? Bem, essa nem sequer me vem à mente!

Qual é a diferença? Essas duas empresas e muitas outras investem grandes receitas em pesquisas e desenvolvimento. Elas têm laboratórios próprios, cientistas e engenheiros envolvidos em pesquisas de base e, geralmente, em laboratórios separados. Têm várias ideias e, obviamente, sabem como levá-las adiante em um processo de patente. Todavia, tais ideias continuam separadas dos negócios e do consumidor, pois não há uma visão que as acompanhe. E esse é o erro.

De fato, esse é o motivo de a Xerox não dominar a indústria de computadores atualmente. Ela tinha a tecnologia da interface gráfica do usuário, do *mouse*, da impressora a laser e de rede em seus laboratórios do PARC, em Palo Alto. Contudo, não tinha visão para levar essas invenções ao sucesso comercial. Steve Jobs forneceu a visão. O resto é história.

Enquanto isso, várias outras pessoas também têm boas ideias. E podem chegar a elas deliberadamente ou podem tê-las de modo acidental. Tais ideias podem até mesmo ser resultado de outras ideias. Mas será que algum dia elas chegam ao mercado?

Para registrar uma patente, uma ideia precisa ser original, útil e não pode ser óbvia. Mas será que precisa ser algo vendável? Será que tem de ser algo com capacidade de gerar lucro? Será que precisa ser algo que melhore a vida? Precisa, necessariamente, ser algo com que o público se identifique? Não, de forma alguma.

E essa é a diferença. Invenções, em si, devem ser criativas, mas, ainda assim, não precisam mover uma agulha sequer. Empresas de sucesso *inovam* — elas criam produtos e integram tecnologias a coisas que as pessoas *querem comprar*. Inovações realmente boas não são apenas produtos, como condicionadores de ar, motores com combustão interna ou até mesmo confeitos coloridos que derretem na boca, e não nas mãos, como os M&Ms.

Vou definir inovação de uma forma que provavelmente teria feito sentido para Steve Jobs:

> ***“Inovação é uma invenção em cujo c entro está contida tanto a visão do consumidor quanto a do mercado.”***

Para ser qualificada como inovação, uma invenção precisa ser comercializável. Precisa ser notável *e* notada. Precisa ter um *valor* verdadeiro, isto é, precisa valer mais para os consumidores do que o valor que eles têm de pagar. E, mais importante, deve ser rentável para a empresa. A grande maioria das invenções falha nesse ponto, e as poucas que conseguem passar não obtêm resultados bons o suficiente para fazer a agulha girar, ou, em outras palavras, para chegar a resultados incríveis, que revolucionem o mercado de alguma forma.

Você se lembra da "novidade" que o último PC, MP3 *player* ou impressora desenvolvidos pelos concorrentes da Apple apresentou? Pense nisso.

Por outro lado, inovações como o iPod, o iPhone e o iPad tornaram-se sinônimos do próprio termo inovação.

A ABORDAGEM DOS JAPONESES: SUCESSO E EXCELÊNCIA, MAS FALTA DE VISÃO

Podemos também olhar para os japoneses para compreender o papel da visão no que diz respeito à inovação. Em geral, os japoneses entendem os consumidores, mas concentram-se nos consumidores comuns e procuram melhorias adicionais na experiência existente. Eles não unem a experiência do consumidor à visão de como essa experiência poderia ser transformada; limitam-se a pensar em como pode ser melhor dentro dos canais oferecidos pelo próprio produto. E fazem um belo trabalho nesse sentido, talvez o melhor do mundo.

Entretanto, com poucas exceções, como o *walkman* da Sony, eles não definem novos conceitos de produtos ou novos mercados, o que os distancia muito do inovadores. Eles falham em "pensar diferente", suas visões não costumam ir muito adiante — como levar o *walkman* para a era digital. Se são bem-sucedidos? Obviamente. Mas você consegue imaginar do que eles seriam capazes se fossem guiados por um líder visionário como Steve Jobs?

O QUE É UM VISIONÁRIO?

Da mesma forma que a maioria dos produtos apresentados pela Apple desde o retorno de Jobs à empresa, em 1997, é considerada exemplo de inovação, o próprio Steve é frequentemente considerado sinônimo de "visionário". Os próximos parágrafos são dedicados a discutir o termo "visionário", já que essa é uma das melhores maneiras de capturar o que é visão, qual sua importância e como você, leitor, pode desenvolver sua própria visão como líder — mesmo sem ser um visionário no sentido estrito da palavra.

O termo "visionário" é, muitas vezes, empregado de maneira pouco rigorosa. Às vezes, aparece com um sentido negativo e, de fato, alguns dicionários concentram a definição do termo na noção de "sonhador", alguém cujas visões e sonhos não são práticos e muito menos comercializáveis. Em outras palavras, alguém com boas ideias mas que não consegue fazer nada com elas.

Acredito que podemos descartar esse conceito de visionário, pelo menos no que diz respeito a Steve Jobs e à Apple. Aqui estão as duas melhores definições que encontrei para a palavra visionário:

- Pessoa forte, com um grande poder criativo e imaginativo. Frequentemente alguém com a habilidade de inspirar outras pessoas (*Webster's New World College Dictionary*).
- Pessoa com uma visão clara, distintiva e específica do futuro, geralmente ligada a avanços na tecnologia ou a arranjos sociais e políticos.

Tudo bem, peguei a segunda definição na Wikipédia. Mas, seja lá quem foi que contribuiu com ela, realmente conseguiu capturar a essência do que um visionário é e o que ele faz — pelo menos no mundo de hoje, influenciado pela tecnologia. Eu completaria tal definição dizendo que o visionário também consegue *comunicar* a visão aos outros de uma maneira inspiradora, o que nos conduz novamente à definição oferecida pelo Webster. Como veremos adiante, visões eficientes — visões que podem ser colocadas em ação — são claras, distintivas e específicas e, no mundo de Steve Jobs e em várias outras empresas, estão ligadas a avanços na tecnologia.

E VOCÊ, PODE SER UM VISIONÁRIO?

Identificamos seis elementos no Modelo de Liderança de Steve Jobs: consumidor, visão, cultura, produto, mensagem e marca.

Você pode se aproximar de seus clientes (embora demore algum tempo até realmente ser capaz de compreendê-los), assim como pode construir uma cultura de inovação e guiar a construção de produtos instigantes, pode transmitir uma mensagem (embora isso possa exigir algumas exposições públicas e até mesmo alguns cursos de oratória) e pode construir sua marca pessoal e combiná-la com a da empresa.

Todavia, será que você pode se tornar um visionário? Será que é possível aprender a ser um visionário ou isso é algo natural, uma habilidade e um talento inatos? De fato, tornar-se um verdadeiro visionário é uma tarefa titânica. Os visionários do passado, de Abraham Lincoln a Martin Luther King e Steve Jobs, geralmente não foram construídos; eles nasceram com padrões de pensamento e habilidades que lhes permitiram ver o futuro e comunicar essa visão aos outros.

E será que você pode aprender a pensar como um visionário — a ver o mundo como um visionário vê? Isso é possível, e o restante deste capítulo trabalha essa ideia. Para começar, precisamos identificar alguns pontos-chave de uma visão.

O QUE É UMA VISÃO?

Vou modelar a definição de visão a partir da definição de "visionário" que a Wikipédia nos oferece:

> ***"Visão é uma percepção clara, distintiva e específica de atividades humanas no futuro e de como essas atividades podem ser transformadas de modo a se tornarem melhores."***

Vale a pena explorarmos mais profundamente essa definição que acabamos de oferecer.

CLARA, DISTINTIVA E ESPECÍFICA

A genialidade de uma boa visão é que ela é algo distintivo e específico, mas também articulado de forma suficientemente clara, de modo que pode ser compreendida. A visão é algo que vale a pena perseguir.

Por exemplo, pode parecer que *slogans* como "Busque a paz mundial" e "Acabe com a fome no mundo" sejam visões: trata-se de causas que todos podemos perseguir e são claras na medida do possível. Mas será que são distintivas e específicas? Na verdade, não muito. Se oferecessem uma pista de como o mundo de fato poderia mudar para combater esses problemas e se tornar um lugar melhor, aí sim esses *slogans* poderiam ser comparados a uma visão.

A visão de Steve Jobs de integrar um iPod Touch, um telefone e um dispositivo de acesso à Internet em um único conceito foi mais do que um *slogan*. Não temos uma declaração específica da visão que acompanhou o lançamento do iPhone, mas podemos perceber a visão que combinou esses aparelhos e criou uma loja de aplicativos (que nem sequer fora mencionada) de uma maneira que teria um impacto considerável na forma como as pessoas usam aparelhos móveis, não apenas telefones, mas os de acesso à Internet e de entretenimento. É algo claro, distintivo e específico.

É justamente nos quesitos "distintivo e específico" que muitas visões falham.

MODIFICADO OU MELHORADO

Se observarmos novamente os *slogans* usados como exemplo na seção anterior, a questão de oferecer pistas para "mudar" e "melhorar" é outro ponto em que eles tendem a falhar, já que não apresentam — não têm — uma forma específica, clara e distintiva de mudar o mundo ou de torná-lo melhor. A visão de Jobs para o iPhone obviamente considerava os aspectos econômicos e entusiasmantes de ter todos aqueles aparelhos concentrados em um único — e se esses aspectos não mudassem o mundo do consumidor, os mais de 500 mil aplicativos disponíveis para iPhone provavelmente o fariam.

Até mesmo fatores como a forma elegantemente simples e a tela foram pensados e desenvolvidos para melhorar o mundo do usuário de um *smartphone*. Como o próprio Steve disse, "antes do iPhone, os *smartphones* não eram tão *smart*".[1]

NO MÁXIMO, DEZ PALAVRAS

As melhores visões são simples e podem ser articuladas em uma ou no máximo duas frases. Muitos de vocês conhecem o "discurso de elevador", técnica em que você descreve a si mesmo, um produto ou um projeto em que esteja trabalhando de forma clara e sucinta durante o tempo que um elevador leva para ir até o andar seguinte.

Um "discurso de elevador" pode até ser longo demais para descrever uma visão. Algumas pessoas defendem a ideia de que uma visão deve ser articulada em, no máximo, dez palavras.

Vejamos:

- Um iPod Touch, um telefone e um dispositivo de acesso à Internet unidos elegante, simples e inteligentemente em um único aparelho.

Nessa frase, temos 21 palavras. E que tal a seguinte:

- Um iPod, um telefone e um dispositivo de acesso à Internet.

Temos onze palavras — exatamente o que Steve Jobs disse no Macworld 2007.

Ou, ainda, parafraseando-o novamente:

- Pegue o estado da arte da tecnologia e torne-o acessível.

---

1 Esperto, inteligente (N. T.).

Como consumidor ou como funcionário, você consegue ver como é possível abranger uma visão central? Consegue perceber como isso guiaria e direcionaria seus pensamentos e suas ações como um membro dessa equipe?

O *SLOGAN* PODE DIZER

Às vezes, é possível encontrar a visão de uma empresa no *slogan* de um produto ou da própria corporação.

A revendedora de carros usados CarMax usa "A maneira como comprar carros deve ser". Essas sete palavras dizem muito: elas são claras, distintivas e específicas, além de sugerirem, pelo menos indiretamente, como o mundo vai mudar. Esse *slogan* diz tanto ao consumidor quanto aos funcionários o que é a empresa, embora não vá muito longe no quesito "como" da promessa que realiza.

Uma agência de seguros perto de minha casa usa o seguinte *slogan*: "Benefícios trabalhistas. De forma simples. Da forma certa". Esse *slogan* também diz muito e, novamente, tanto os consumidores quanto os funcionários têm uma ideia do que é a agência. Qualquer coisa que dificulte ou complique os benefícios trabalhistas está fora do escopo da agência.

Embora não seja muito específico, o *slogan* da Apple, "Pense diferente", diz tanto sobre a empresa e sua direção quanto quaisquer outras duas ou dez palavras poderiam dizer.

NÃO CONFUNDA VISÃO COM MISSÃO

Como a maioria de vocês que vivem no mundo corporativo sabe, grandes organizações podem se perder em camadas de planejamento estratégico (missão, meta, objetivos, estratégias, táticas), todas vinculadas ao mais recente jargão da área. Esses documentos, frequentemente extensos, descrevem tudo sobre quem você é, o que é e para quem trabalha. As declarações de missão têm seu papel, embora tendam a não atrair muita atenção, uma vez que são criadas, distribuídas e guardadas na gaveta de cada funcionário da empresa.

Como Carmine Gallo aponta em seu livro *A arte de Steve Jobs*, "uma declaração de missão descreve o que você faz; uma visão descreve como você fará um mundo melhor".

Se você fosse um seguidor, o que lhe daria mais confiança: um líder com uma visão clara e específica de dez palavras que lhe digam como tornar o mundo melhor ou um que tivesse uma missão de seis tópicos que, depois de lida, seria arquivada?

NÃO CONFUNDA VISÃO COM PAIXÃO

Um visionário tem paixão, mas visão e paixão não são a mesma coisa. Um líder apaixonado sem uma visão clara não será bem-sucedido; e o mesmo acontecerá a um líder visionário que não tiver paixão.

Líderes apaixonados sem visão em geral confundem seus funcionários e criam mais estresse na organização, que lutará com repetidos começos e mudanças de estratégia até eventualmente ceder. Líderes visionários, mas sem paixão, passarão muito tempo tentando manter suas equipes engajadas, e poderão até mesmo ser questionados a respeito da veracidade ou da credibilidade da visão, caso não se mostrem entusiasmados com ela.

Visão e paixão andam juntas. Um líder que tem uma boa visão e é apaixonado por ela irá mais longe com seus funcionários. Abraham Lincoln mostrou isso com seu foco inabalável na preservação da União e sua paixão invariável em tal foco. Steve Jobs disseminava paixão ao extremo nas equipes que comandava, nas mensagens que transmitia para essas equipes, na atenção que dava aos detalhes do projeto e nos lançamentos teatrais que apresentava. Ninguém poderia questionar sua paixão e, portanto, ninguém poderia questionar sua visão. A paixão fortaleceu a visão.

Como líder, você precisa perceber que a paixão e a visão devem ser balanceadas: muita paixão sem visão suficiente é confuso e estressante; muita visão sem paixão pode ser brando e alienante.

É TUDO UMA QUESTÃO DE SÍNTESE

Mais frequentemente do que se possa imaginar, uma visão é uma síntese de ideias, produtos ou tecnologias em torno de uma necessidade específica do consumidor. Para aqueles que não desenvolvem visões naturalmente — ou pelo menos não tão naturalmente como Steve Jobs fazia —, aqui estão alguns passos para a construção ou o aprimoramento de visões:

- *Visões combinam coisas.* Ideias, produtos e tecnologias são "combinados" para que se chegue a uma solução surpreendente. O iPod Touch, um telefone e um dispositivo de acesso à Internet foram unidos e se transformaram no iPhone. Antes, um pequeno disco rígido, uma nova bateria, FireWire e iTunes foram unidos e se transformaram no iPod. Antes disso, uma interface gráfica do usuário, um novo gabinete único e um *drive* para disquetes de 3,5 polegadas foram unidos e se transformaram no Macintosh.
- *Visões conectam coisas.* Visionários conseguem aplicar a novas plataformas os conceitos e as tecnologias existentes, assim como conseguem cruzá-los. A empresa de materiais para casa Home Depot cruzou o formato moderno de varejo com o formato tradicional de depósito. No mercado de carros usados, o mesmo tipo de cruzamento levou à criação da CarMax. Para criar a visão da Starbucks, o cruzamento envolveu o amor pelo café e um ambiente italiano com o declínio no consumo de álcool e um balcão de bar. E a visão do iPad, por sua vez, poderia ser descrita mais ou menos como o cruzamento entre a de um PC e de um iPhone.
- *Visões unem o novo e o velho.* Isso se parece com a ideia da conexão descrita antes, exceto pelo fato de envolver especificamente

novas tecnologias. A tecnologia digital e a miniaturização podem ser aplicadas para modernizar uma biblioteca de músicas (ou de livros) tradicional. A tecnologia de micro-ondas, desenvolvida para aplicações em defesa, pode ser usada para cozinhar alimentos (uma visão que originalmente parecia ser maior do que acabou se mostrando, já que as micro-ondas não cozinham tão bem todos os alimentos). Muito da visão de como aplicar a Internet a praticamente tudo surgiu durante o *boom* da Internet, mas o simples fato de alguém ter uma visão não significa que ela esteja certa!

- *Visões criam proposições de valor.* Os consumidores geralmente estão dispostos a trocar alguma coisa por algo melhor, e visões centradas na proposição de valor capitalizam essa troca. A Southwest tinha uma visão clara de que os consumidores aceitariam não receber refeições durante os voos, não viajar na primeira classe, não ter assentos marcados ou transferência de bagagens se as tarifas fossem mais baixas. A CarMax percebeu que as pessoas pagariam um valor mais alto para ter confiança e direito de pechincha em uma experiência de compra de carros. A Starbucks percebeu que as pessoas pagariam 3,45 dólares por um *latte* para ter acesso a um espaço intelectualmente estimulante. A Apple percebeu que as pessoas pagariam 99 centavos de dólar por músicas para fazer *download* confiável e não se preocupar com questões de direitos autorais.

Se você conhece seus consumidores/clientes e conhece seu negócio, deve ser capaz de construir uma visão em torno de um ou mais desses padrões que acabam de ser especificados.

O que Steve Jobs faria

Poucas coisas eram mais importantes para Steve Jobs e para a Apple do que a visão. Embora Jobs estivesse conectado com seu negócio o suficiente para saber dos detalhes mais específicos dos projetos dos produtos (e frequentemente estava), suas maiores contribuições foram a visão e a paixão necessárias para conceber, desenvolver e comercializar os produtos certos. Steve usou sua profunda percepção do consumidor, sua ampla visão de mundo e seu entendimento da tecnologia para formular algumas das visões mais fantásticas que já vimos. Essas visões serviam de combustível para a cultura de inovação em que estavam apoiadas. Juntas, a visão e a cultura levaram ao desenvolvimento de produtos fantásticos.

A construção e a manutenção de uma cultura de inovação é o objeto do próximo capítulo. Por enquanto, aqui está o que Steve teria feito — e o que você também deve fazer — no que diz respeito à visão:

- *Concentrar-se no consumidor*. Sempre. Se não for assim, a visão irá desnorteá-lo.
- *Fazer um inventário do que existe lá fora*. Monitorar constantemente o concorrente para ver quem está fazendo o que, como os consumidores estão respondendo a isso e quais são as lacunas que ainda precisam ser preenchidas.
- *Pensar em como as coisas podem ser combinadas e desenvolvidas*. Pense no futuro e em como você pode combinar o que existe hoje ou o que existirá em um futuro próximo, de modo a poder oferecer isso ao seu consumidor.
- *Articule a ideia*. Uma ideia não é boa até que se torne clara, distintiva e específica. Trabalhe isso. Uma visão clara e convincente, como diz Hawkins, é aquela capaz de apagar quaisquer objeções ou problemas.
- *Experimente expor sua visão*. É claro que você quer que sua empresa responda à sua visão. Assim, se ela fizer sentido para seu vizinho, para sua sogra e para seu cachorro, é sinal de que você está cada vez mais no caminho certo para conquistar o que deseja.

- *Mantenha sua visão à frente da sua empresa.* Mantenha todos em sua empresa em contato constante com aquilo em que você acredita e aquilo que vê.
- *Esteja sempre disposto a adaptar ou refinar sua visão.* Nunca presuma que sua visão é perfeita ou que o mundo não mudará. A arrogância é o pior inimigo de uma visão.

CAPÍTULO 6

CULTURA

Verdadeiros artistas vendem.

Steve Jobs, equipe de produção do Macintosh, janeiro de 1983

A revista *Time*, obviamente atraída pelo sucesso da Apple e pela evolução do iPod, fez uma matéria de capa com Steve Jobs em setembro de 2005, em uma das raras aparições dele na mídia durante esse período.

Steve contou à revista uma história que já havia contado antes: "A parábola do Carro Conceito", que reproduzo a seguir:

> *"Aqui está o que você encontra em muitas empresas", diz Steve, retornando de forma inesperada a uma reluzente sala de conferências na sede da Apple, no Vale do Silício. "Sabe quando você vê a apresentação de um carro e ele parece muito legal e, quatro anos depois, olha para o carro que foi produzido e vê que ele não presta? E você pensa: 'O que aconteceu? Eles tinham o carro! Eles tinham tudo nas mãos! Eles estavam com a vitória garantida!'. O que aconteceu foi que os* designers *tiveram essa grande ideia. Então, eles levaram essa grande ideia para os engenheiros e os engenheiros lhes disseram: 'Não, não podemos fazer isso. É impossível'. E a coisa toda foi piorando. Depois, foi a vez de os engenheiros levarem o que tinham para o pessoal da fábrica e sua vez de ouvirem: 'Não podemos construir isso!' E a coisa toda ficou ainda pior."*

Essa história ilustra muito bem o elemento que pode ser considerado o mais importante na administração de um negócio, que é a criação e a manutenção de uma cultura de inovação. Steve ofereceu sua visão do motivo pelo qual a inovação não acontece em uma cultura típica, e é nesse preceito que podemos e devemos nos concentrar para ver o que *de fato* funciona em uma organização administrada de acordo com ele.

A CULTURA DO PODER FAZER

A cultura descreve o ambiente de trabalho e a personalidade da empresa. Trata-se de uma "coleção de valores e normas compartilhadas por pessoas e grupos" e que orientam a maneira como essas pessoas e grupos interagem uns com os outros e com terceiros. Algumas dessas normas são conscientes e tangíveis, incutidas profundamente na cabeça dos funcionários. Outras são subconscientes e intangíveis, tendo nascido de visões e propósitos maiores, bem como da própria história da empresa.

A cultura descreve o que uma organização fará, como se comportará e como responderá às exigências do mercado. Como a marca para um produto, a cultura é um padrão previsível de atividades, atitudes e interações que definem como algo deve ser realizado. A cultura também pode dizer o que uma organização *não* deve fazer, como, por exemplo, deixar de investir em inovação, deixar de responder ao mercado e optar por uma gestão de riscos excessivos.

A cultura é o fator que melhor explica as qualidades únicas da maneira como Steve Jobs liderou a Apple e que o levou tanto ao sucesso e prosperidade quanto ao registro de sua marca na história corporativa mundial. É bastante óbvio que a cultura da Apple é uma cultura de inovação, um campo fértil para as "sementes" da visão germinarem e darem origem a produtos revolucionários.

E o que é uma "cultura de inovação"? Vou oferecer aqui uma definição simples e que, mais uma vez, acredito que teria sido aceita por Steve Jobs:

> *“Uma cultura de inovação é um ambiente de trabalho que aprimora, em vez de impedir, o fornecimento de produtos visionários para o mercado.”*

VISÃO E CULTURA: UM CASAL FELIZ

Visão e cultura andam juntas. Uma empresa com uma cultura de inovação é facilmente dirigida por uma visão inovadora, e uma empresa com uma visão inovadora tende a apresentar uma cultura de inovação. Se você não tiver uma cultura de inovação sólida, até mesmo a melhor percepção do consumidor e a melhor visão do futuro irão falhar na hora de criar produtos revolucionários. Quando combinadas, a visão sólida e a forte cultura de inovação trabalham juntas para suprir as lacunas entre o consumidor e o produto.

Se a visão e a cultura não estiverem equilibradas, coisas não muito boas podem acontecer. Uma forte cultura de inovação sem visão não terá direção, podendo acertar acidentalmente, embora isso seja pouco provável. Uma forte visão sem uma forte cultura de inovação irá falhar, pois o visionário será constantemente atingido por processos e “anticorpos organizacionais”, um tipo de funcionário que não vê vantagens em correr riscos e parte do que já está pronto.

Uma boa cultura de inovação é a cultura do “poder fazer”. Trata-se de uma cultura que abraça globalmente a visão, que procura meios para fazer algo e não razões para deixar de fazê-lo. Trata-se de uma equipe que produz consistentemente resultados excelentes sem ter de se submeter à coerção. A falta de impedimentos e de burocracia permite que boas ideias sejam desenvolvidas, em vez de tomar cada um dos passos de um processo separadamente — em outras palavras, é algo global, isto é, atravessa toda a empresa e se espalha por ela.

Uma boa cultura de inovação é uma cultura positiva, e não negativa.

SERÁ QUE REALMENTE INOVAMOS?

Em seus relatórios anuais, declarações para a mídia e apresentações financeiras, muitas empresas se vangloriam, afirmando que possuem uma "cultura de inovação" ou que promovem "inovações para o futuro". Mas o que elas realmente querem dizer com isso? Será que fábricas de patentes como a IBM e a HP representam uma cultura de inovação? Será que uma empresa que investe 10% de sua receita em pesquisa e desenvolvimento está *de fato* direcionada à inovação? Não necessariamente. Será que uma empresa com um grande laboratório de pesquisa e desenvolvimento, como a Alcatel-Lucent (responsável pelos laboratórios Bell) possui uma cultura de inovação? Não necessariamente. E uma empresa que transforma "invenção" em *slogan*, como a HP fez, será que tem uma cultura de inovação? Provavelmente, não.

Uma cultura de inovação não é criada por uma ou algumas palavras. Para ter valor, a inovação deve acontecer naturalmente como parte da cultura ao longo de toda a estrutura da empresa.

UMA VISÃO ORGANIZACIONAL — EM TRÊS PALAVRAS

Mais do que qualquer outra coisa, todas as empresas de Steve Jobs — da Apple à Pixar, passando pela NeXT — viveram essas três palavras: "Verdadeiros artistas vendem". São três palavras que dizem muito. Em primeiro lugar, Steve as utiliza para chamar os membros de sua equipe de artistas e reconhecer seus talentos criativos e multidisciplinares. Todavia, para serem relevantes — ou verdadeiros — eles devem criar produtos que encantem os consumidores e que, em última instância, vendam bem.

Incutida nessas três palavras está a grande diferença entre uma empresa liderada por Steve Jobs e grande parte das outras. A maioria das empresas está tão concentrada na questão do lançamento que acaba negligenciando a criatividade e a síntese da visão. Ao mesmo tempo, seus "artistas" podem estar tão guiados pela criatividade, pelo novo e pelo revolucionário, que acabam falhando em produzir algo *realmente* valioso, que encante o consumidor e tenha valor de mercado, isto é, de venda.

Steve Jobs conectou essas duas ideias como nenhum outro líder na história. Entretanto, ele foi além: com proselitismo, paixão e apoio contínuos, Jobs conseguiu acrescentar um elemento mágico à organização. E sua equipe rapidamente se transformou em um grupo bem organizado e funcional de artistas *que vendiam*.

DO QUE É FEITA UMA CULTURA?

A cultura, assim como a visão, apresenta uma determinada qualidade intangível e, por isso mesmo, de difícil identificação. Uma cultura funciona — ou não funciona — para produzir inovações, mas toda cultura corporativa é ligeiramente diferente. Em outras palavras: uma boa cultura não apresenta uma definição precisa, mas você a reconhece imediatamente quando a vê.

A cultura surge da liderança. Líderes selecionam as equipes, estabelecem a visão e o tom, e precisam determinar ou exercer uma influência considerável na maneira como a equipe irá trabalhar em conjunto para alcançar os resultados. A cultura é inata e contínua, e não algo que começa e termina no processo de desenvolvimento de um produto.

Os líderes encaram pelo menos quatro deveres relacionados à sua equipe para criar e manter uma cultura de inovação e excelência:

- Selecioná-la.
- Organizá-la.
- Compartilhar com ela sua paixão.
- Manter seu foco.

Vamos tratar de cada um desses deveres separadamente.

"É MAIS LEGAL SER UM PIRATA DO QUE SE ALISTAR NA MARINHA"

Essa afirmação, feita nos dias da equipe original de desenvolvimento do Mac, diz muito sobre como Steve via as pessoas e selecionava os membros de suas equipes. Além disso, trata-se de uma frase que descreve o tipo de equipe e de comportamento em equipe que Jobs admirava. Para criar uma equipe, todas as empresas buscam os melhores e mais brilhantes candidatos, especialmente se estiverem procurando preencher vagas em suas equipes de desenvolvimento de produtos e de inovação — o nosso foco aqui. Ao procurar por piratas, Steve levou a ideia de seleção de funcionários a outro patamar.

POR QUE PIRATAS?

Um pirata pode funcionar sem burocracia. Piratas apoiam uns aos outros e apoiam seus líderes no estabelecimento e realização de uma meta. Um pirata pode ser criativo e continuar fazendo seu trabalho mesmo estando em um ambiente hostil ou difícil, assim como pode agir independentemente e correr riscos inteligentes, mas sempre dentro do escopo da visão maior e das necessidades maiores do grupo.

Piratas tendem a aceitar mais facilmente mudanças e desafios. "Ser agressivo, egocêntrico ou antissocial ajuda a ponderar as ideias", diz Dean Keith Simonton, professor de Psicologia da Universidade da Califórnia e especialista em criatividade. E continua: "Enquanto isso, a resistência a mudanças ou a tendência à fácil desistência pode desviar novas iniciativas".

Portanto, a mensagem de Steve Jobs era a seguinte: se você é brilhante, mas prefere a estrutura e as tradições da Marinha, vá trabalhar para a IBM. Se você é brilhante, pensa diferente e está disposto a lutar por isso em uma equipe especial, unida e nada convencional, torne-se um pirata.

PIRATAS COM PAIXÃO

Steve procurava piratas em todos os membros de suas equipes. Todavia, não bastava ser brilhante e, certamente, não bastava pensar diferente. Os piratas de Steve tinham de ter a paixão e a visão de quem tem o objetivo de encantar o consumidor com um produto perfeito e revolucionário. Uma preocupação constante de Steve era o fato de, à medida que crescia, a Apple se tornar cada vez mais parecida com as outras grandes empresas, isto é, cada vez mais afogada em burocracias e com centenas de razões para *não fazer* alguma coisa. E ele acreditava que piratas com paixão não deixariam isso acontecer.

Mantendo-se apegado a essa ideia, Jobs queria que seus piratas não apenas estivessem nas equipes de desenvolvimento de produtos, mas também desempenhassem funções e cargos no cotidiano da empresa ligados à contabilidade e até mesmo à assistência administrativa, por exemplo.

Como Steve disse à editora da revista *Fortune*, Betsy Morris, em uma entrevista concedida em 2008: "Quando contrato alguém, a competência é fundamental. Essa pessoa tem de ser realmente inteligente. Mas o principal para mim é: 'Será que essa pessoa vai se apaixonar pela Apple?'. Isso porque, se ela se apaixonar pela Apple, todo o resto acontecerá naturalmente. Essa pessoa vai querer fazer o que é melhor para a Apple e não o que é melhor para si mesma, ou para mim, ou para qualquer outra pessoa".

PIRATAS EXPERIENTES

Steve Jobs valorizava muito o fato de ter uma equipe diversificada e de escolher pessoas com diferentes *backgrounds* e experiências, como eram aquelas com as quais ele trabalhava. Como descrito no Capítulo 1, ele nunca terminou a faculdade, nem mesmo o primeiro ano, mas foi capaz de sintetizar seus interesses próprios e experiências — de eletrônica a zen-budismo e caligrafia —, acrescentar a isso uma boa dose de paixão e se tornar o que se tornou. E ele acreditava que os outros deveriam fazer o mesmo.

Quando selecionava os membros de sua equipe, Steve procurava pelo mesmo tipo de *background* e experiência. Um bom técnico é um bom técnico, mas um bom técnico interessado em filosofia, artes, literatura ou assuntos parecidos, de fato, é capaz de fazer a diferença. Steve também gostava de empreendedorismo e sinais de sucesso em outras áreas. Pessoas que mostravam habilidade em conseguir realizar tarefas em outras áreas, sintetizar suas experiências e ter uma visão mais ampla da experiência humana tinham maiores chances de ser os piratas que ele estava procurando. Em março de 2011, no evento de apresentação do iPad, Steve declarou: "Está no DNA da Apple que a tecnologia por si só não é suficiente. Acreditamos que a tecnologia casada com as humanidades é que produz o resultado que faz a alegria do coração".

PODEMOS ENCONTRAR UM PIRATA EM QUALQUER LUGAR

Não é surpresa que, como Steve Jobs queria pessoas com diferentes *backgrounds*, ele as procurasse em todos os lugares. Jobs era conhecido por recrutar amigos e conhecidos de membros de suas equipes, pois sentia que essas pessoas se encaixariam na equipe mais facilmente e partilhariam dos mesmos valores. A Apple não faz muitas contratações — hoje em dia, não precisa mais, mas mesmo nos velhos tempos, as pessoas podiam ser encontradas por meio tanto de recrutamentos formais quanto da indicação de outros funcionários. Até mesmo a contratação de John Sculley surgiu como indicação de dois estagiários encontrados em Stanford.

Uma vez que um contrato com um possível pirata era assinado, a entrevista também fugia à norma. Não era uma entrevista *normal* para o cargo de engenheiro, por exemplo. Perguntas diversas e aparentemente fora de contexto proporcionavam respostas diversas, e Steve era conhecido por considerar não tanto o que as pessoas diziam, mas a forma como elas diziam e todo o campo de informações que girava em torno da resposta.

Novamente, na entrevista concedida à *Fortune*, Steve afirma: "Recrutar é uma tarefa complicada. É como encontrar uma agulha no palheiro. Fazemos isso por conta própria e gastamos muito tempo nesse processo. Participei do processo de seleção e contratação de 5 mil pessoas ou mais em toda a minha vida. Portanto, levo isso bastante a sério. Não dá para você saber o suficiente em uma hora de entrevista, então, no final, a coisa toda tem a ver com intuição. Como me sinto em relação a essa pessoa? Como essas pessoas se comportam quando desafiadas? Por que estão aqui? Faço a todas essa última pergunta — Por que você está aqui? Mas não são as respostas em si que estou procurando. O que procuro é a informação global que acompanha essas respostas".

Portanto, de acordo com Steve, se você contratar uma equipe diversificada, experiente e altamente qualificada, ela o seguirá aonde quer que seja.

"O SISTEMA É QUE NÃO EXISTE UM SISTEMA"

Em outubro de 2004, Steve deu uma entrevista reveladora para uma matéria da revista *BusinessWeek* intitulada "As sementes de inovação da Apple". Quando perguntado sobre como sistematizava a inovação, Jobs respondeu com a citação que utilizamos como título desta seção ("Verdadeiros artistas vendem."). E continuou: "Isso não significa que não tenhamos um processo. A Apple é uma empresa bastante disciplinada e temos um grande processo. Mas nós não *somos* esse processo".

E prosseguiu: "Entretanto, a inovação surge de pessoas que se encontram pelos corredores ou que ligam umas para as outras às dez da noite para discutir uma ideia nova, ou porque pensaram em algo que pode resolver um problema que estamos tendo. A inovação surge em reuniões informais convocadas por alguém que acredita que descobriu a coisa mais legal do mundo e quer saber qual é a opinião dos outros com relação a isso".

A citação mostra bem o que acontece dentro da Apple.

Steve Jobs odiava burocracia. Detestava todos os níveis de gerenciamento — administração, estrutura, manuais, procedimentos, técnicas de gestão de risco —, que tendem a crescer até sufocar as grandes empresas. Em outras palavras, Jobs queria que o foco fosse sempre o consumidor e o produto, e não o processo.

CUIDADO COM O FOCO INTERNO

O foco no processo geralmente surge quando as empresas crescem. Quando isso acontece, cada membro da equipe desempenha um papel ou uma tarefa relativamente menor com relação ao processo como um todo. E quando as pessoas se envolvem em frações cada vez menores de um projeto ou programa, a tendência é introduzir processos mais formais — e mais burocráticos — para permitir que se comuniquem e se certificarem de que cada membro continua a dar sua contribuição.

Níveis de gerenciamento, complicados processos de comunicação, infinitas reuniões de pauta e várias outras formas de sobrecarga começam a se infiltrar em todos os espaços da organização. Rapidamente, os membros das equipes passam a gastar mais tempo se preparando para — e se concentrando em — processos internos do que pensando no consumidor ou em qualquer outra coisa que esteja acontecendo fora da empresa. Como o operário padrão de linha de montagem, eles perdem a visão do carro e começam a se concentrar cada vez mais no parafuso a ser apertado.

A empresa começa a servir a seus próprios interesses em vez de se preocupar com as necessidades dos consumidores. Tudo acontece para atingir um objetivo interno ou realizar algum protocolo interno. Até mesmo a equipe de pesquisa e desenvolvimento começa a se preocupar mais em alcançar o objetivo de criar patentes do que em experiências que entusiasmem mais os consumidores.

Steve Jobs estava determinado a não deixar que isso acontecesse com suas empresas. Antes, os tentáculos da burocracia começaram a se estabelecer na equipe de desenvolvimento do Apple II, que, sob o comando de John Sculley, contava com 4 mil funcionários. Quando Jobs saiu — este é um bom exemplo —, a equipe do Macintosh contava com cem membros. Todavia, no final, as forças da burocracia venceram e quase vetaram o comercial do Super Bowl de 1984, conforme a empresa se focava mais em si e menos em mudar o mundo.

O GRUPO PRECISA MANTER O FOCO

Se você trabalha para uma grande empresa, provavelmente já viveu essa experiência. Digo isso porque eu mesmo já passei por ela. Quando há nove pessoas fazendo o planejamento, verificando o trabalho e delegando tarefas para a única pessoa que está realmente trabalhando em uma solução para o consumidor, significa que os tentáculos da burocracia finalmente sufocaram a empresa. Quando você trabalha para criar excelência e outras pessoas se juntam para investigar minuciosamente suas decisões, modificar seu escritório, preparar relatórios e vender seus esforços para outras partes *dentro* da empresa, provavelmente já passou para o lado negro. É mais fácil destrinchar do que criar algo, e há muitas pessoas que constroem suas carreiras destrinchando as coisas.

Como Nick Webb coloca em *The innovation playbook*, devemos sempre nos perguntar: "O processo trabalha para a inovação ou a inovação trabalha para o processo?".

CUIDADO COM OS BLOCOS ORGANIZACIONAIS

Steve Jobs era conhecido por preferir equipes que pensassem no produto de forma global. Ele liderava o projeto de todos os produtos — *hardware* e *software*, produtos centrais e acessórios, tudo —, pois sentia que sempre que você deixa peças de um produto para outra empresa algo se afastará de você. Assim, Jobs não permitia que o sistema operacional da Microsoft fosse usado nos aparelhos que fabricava, pois via isso como um convite a problemas, uma fórmula para produzir produtos "menos bem-sucedidos".

Quanto às equipes, Steve pensava da mesma forma. Quando projetos são transferidos de um bloco organizacional para outro, os problemas são inevitáveis. Cada bloco cuida de suas próprias necessidades e enxerga o produto dentro de seu contexto, perdendo de vista, portanto, a parte do consumidor que foi — ou pelo menos deveria ter sido — pensada inicialmente. Como todos sabem, a Microsoft não desenvolveu sua plataforma para *tablets*, muito embora o próprio Bill Gates tenha previsto, em 2001, que o *tablet* superaria o PC. E a Microsoft não desenvolveu essa plataforma, em parte, porque a administração do programa Microsoft Office não acreditava nos *tablets* e, portanto, não quis se arriscar a criar uma versão do Office para esses aparelhos.

Quão dividida a Microsoft, uma das mais importantes companhias de tecnologia do mundo, estava nessa época? Desnecessário dizer que muitas pessoas foram surpreendidas pelos rumos que as coisas tomaram, mas esse exemplo serve para ilustrar a falta de uma cultura de inovação na Microsoft — e esse é um dos grandes motivos de a empresa estar até hoje lutando para repetir os sucessos que obteve com *softwares* para PC no passado.

Em várias empresas, até mesmo a equipe de pesquisa e desenvolvimento, separada em laboratórios no meio do nada, é tratada como um bloco organizacional. E tal separação, até mesmo no que diz respeito à forma de pensar, já prejudicou várias outras empresas. A General Motors e a HP são exemplos óbvios no mercado, e muitas outras poderiam ser elencadas, se olhássemos atentamente.

Como alternativa, Steve preferia equipes pequenas, globais e cheias de poder. Em um esforço para evitar a burocracia, a equipe de desenvolvimento do Macintosh nunca ultrapassou cem membros. Sim, existia uma estrutura dentro da equipe. Steve não gerenciava sozinho todos os membros, mas mantinha a equipe pequena, simples e trabalhava diretamente com cada um de seus liderados para manter as coisas em dia — e confiava que muitas das coisas seriam feitas sem sua liderança direta.

Ter uma visão clara é uma das chaves mais importantes para manter uma equipe pequena em dia com o trabalho — e para ter uma equipe pequena, para começo de conversa. Grandes equipes existem onde as pessoas não têm certeza de sua visão ou não a compartilham e, assim, os membros da equipe e os gerentes precisam preencher lacunas ao longo do processo. As habilidades, a automotivação e a abertura da mente dos membros da equipe fornecem muito do autocontrole de que a equipe precisa, mas isso começa a parar de funcionar se a equipe for muito grande ou a visão, pouco clara.

Como o próprio Steve dizia, "reúna pequenos grupos de grandes pessoas e coloque-os para construir seus sonhos".

CORRA RISCOS

À medida que crescem, as empresas tendem a correr menos riscos. Por quê? Porque as pessoas que trabalham nessas empresas estão a quilômetros de distância do consumidor e da visão e, assim, não veem nem percebem os benefícios e as recompensas que podem surgir se se empenharem em encantar e em agradar o consumidor. Enquanto isso, o que essas pessoas enxergam *efetivamente* é o risco de fazer algo que não seja bom ou que dê errado — e o risco de perderem seus empregos durante esse processo. Então, o que essas pessoas fazem? Cometem o erro de evitar cometer erros.

Empresas crescem e se desenvolvem naturalmente dessa forma. Indivíduos e grupos começam a trabalhar para poupar seus próprios traseiros em vez de correr riscos para levar a empresa adiante e ultrapassar as expectativas. O trabalho se transforma em um *modus operandi*. Logo, a empresa como um todo se concentra na última falha e tenta evitar que ela aconteça novamente, em vez de focar no último sucesso. Nick Webb chama isso de "falha referencial" — a tendência de padronizar a falha e o erro como algo que provavelmente acontecerá com uma ideia nova apenas porque foi isso o que aconteceu da última vez.

Steve não deixava que a falha — ou a falha referencial — atrapalhasse seu caminho. Ele falava sobre o sucesso e transmitia força e energia aos membros da equipe, fazendo-os acreditar que uma ideia era um sucesso até que se provasse o contrário — em outras palavras, ele trabalhava com o "sucesso referencial". As pessoas que levavam novas ideias ou assumiam riscos não eram punidas, contanto que estivessem cientes do que estavam fazendo. O que Steve Jobs realmente abominava não eram as pessoas que corriam riscos, mas os "palhaços" que mostravam coisas despropositadas e ainda demonstravam um profundo desacordo com a visão da Apple.

O psicólogo e professor da Universidade da Califórnia, doutor Simonton, bate nessa mesma tecla: "Liberdade para correr riscos, realizar uma série de tarefas e trabalhar em vários projetos ao mesmo tempo pode provocar o pensamento flexível; a pressão de não errar nunca ou o fechamento de perspectivas alternativas pode desligar a criatividade".

Isso não significa que você nunca tenha de dizer "não"

Nem tudo funciona bem na Apple — aliás, várias coisas não funcionam. Steve contou à *BusinnesWeek*, em outubro de 2004, que o sucesso "vem de dizer não a mil coisas para ter certeza de que não tomamos o caminho errado ou de que não estamos tentando fazer muitas coisas. Estamos sempre pensando em novos mercados nos quais podemos entrar, mas é apenas dizendo não que você pode se concentrar nas coisas que realmente são importantes".

O que isso significa? Significa que ideias devem ser sacrificadas porque não combinam com a visão, e não porque representam um risco.

"A única forma de fazer um ótimo trabalho é amar o que se faz"

A cultura do poder fazer da Apple nunca teria existido sem uma dose saudável de paixão. Atualmente, muitas pessoas nos mundos corporativo e acadêmico estudam as forças que induzem as pessoas à realização de tarefas. E essas forças podem ser unidas na categoria geral de "motivação". De acordo com a sabedoria convencional, se você oferecer direção clara e ambiente de trabalho decente, e somar a isso recompensas financeiras e possibilidades de melhoria na carreira, sua equipe se sentirá motivada a executar o trabalho e seguir em frente.

Essa ideia de motivação ganha uma amplitude global quando se trata da Apple. Desde o início, Steve Jobs sempre foi apaixonado pela ideia de contribuir para a progressão do universo, e essa paixão vinha à tona nas apresentações que ele fazia ao público e nas comunicações e comportamentos que exibia dentro da empresa. Essa paixão se refletia em todos os funcionários da Apple — e em toda sua história. Paixão apontada para a direção certa — isto é, para a direção da visão — é algo indispensável, apesar de ser também algo muito, muito difícil de alcançar. E como Steve Jobs conseguiu fazer isso?

A PROBABILIDADE DE FAZER ALGO ESPECIAL

Pessoas inteligentes e criativas gostam de trabalhar em coisas inteligentes e criativas. É nesse ponto que a visão e a busca por produtos revolucionários entram em cena. As pessoas chegam às empresas com a ideia de que podem mudar o mundo, de que podem ser uma parte importante de algo que é realmente grandioso, completo e especial. E essas pessoas podem ser parte de algo realmente grandioso quando vendem para milhões de outras pessoas em todo o mundo que elas, e não um monte de consultores, têm tudo a ver com o produto. Na Dell ou na HP, independentemente de desempenhar um papel importante ou não no desenvolvimento do último PC, você sabe que a maioria das experiências dos consumidores ainda é controlada pela Microsoft, e não tem muito de sua mão. Como se apaixonar por isso?

À sua maneira, Steve descreveu essa situação na entrevista que deu para a *BusinnesWeek* em 2004. Quando lhe foi perguntado por que acreditava que as pessoas queriam trabalhar na Apple, ele respondeu o seguinte: "A razão é que você não pode fazer em nenhum outro lugar o que pode fazer na Apple. A engenharia já passou há muito tempo na maior parte das empresas de PCs. E as empresas de bens de consumo eletrônicos não compreendem a parte de *software*. Portanto, você não pode, atualmente, fazer em lugar nenhum os produtos que pode fazer na Apple. A Apple é a única empresa que concentra tudo debaixo do mesmo teto".

Podemos ver uma questão central aqui. A probabilidade de fazer algo especial atrai as melhores mentes, as mais criativas. E é necessário juntar as melhores mentes em um ambiente que ofereça apoio para que algo especial possa ser feito.

O que veio primeiro, então? Tudo começou com Steve Jobs e Steve Wozniak, grandes mentes que atraíram outras grandes mentes e fizeram com que grandes produtos fossem criados. E tudo tem sido um espiral crescente desde então. Grandes mentes geram grandes visões, que, por sua vez, criam bons produtos; grandes mentes dão um salto para o futuro e, assim, o espiral continua e continua.

Novamente para a *BusinnesWeek*, quando perguntado sobre o que conduzia os funcionários da Apple, Steve fez o seguinte comentário:

> *Não podemos fazer tantas coisas assim, e todos devemos ser realmente excelentes. Porque esta é a nossa vida. A vida é breve, e logo você morre, entende? Então, é isso que escolhemos fazer com nossas vidas. Poderíamos estar sentados em um monastério em algum lugar no Japão. Poderíamos estar velejando. Alguns* [membros da equipe executiva] *poderiam estar jogando golfe. Eles poderiam estar administrando outras empresas. Mas todos nós escolhemos fazer isso com nossas vidas. Então, é melhor que seja bom. É melhor que valha a pena. E acreditamos que vale.*

Obviamente, podemos ver várias grandes mentes no mundo corporativo hoje em dia. Todavia, se essas grandes mentes não se apoiarem em grandes visões e se abordarem as coisas considerando basicamente a pergunta "O que isso pode me oferecer?", suas equipes não terão motivação. Mais ainda: líderes com essa mentalidade atrairão pessoas apenas com essa mesma mentalidade para suas equipes. E quando essa mentalidade é a cultura da empresa, as pessoas não se envolvem com suas atividades e a mediocridade — ou algo ainda pior — passa a ser o resultado natural do processo.

GRANDES ESPERANÇAS

Em algum lugar acima do horizonte e além da simples motivação está a *inspiração*. A inspiração surge quando as pessoas sentem algo, quando são *movidas* pelos resultados potenciais. Você pode ser motivado a cortar a grama ou a arrancar as ervas daninhas, pois, se não o fizer, elas tomarão conta de seu jardim — e, de quebra, ainda vai economizar o dinheiro que pagaria pelo serviço. Entretanto, você também pode ser *inspirado* pela ideia de ter o melhor e o mais belo jardim do quarteirão — ou, quem sabe, até mesmo por ter o jardim fotografado pela revista *Sunset*.

Uma grande esperança, ou uma "causa nobre", como o escritor Carmine Gallo descreve, gera maiores envolvimentos, trabalho mais duro e mais criatividade. As pessoas se envolvem mais. Gallo explica o "efeito pigmaleão", um fenômeno psicológico em que "quanto maior for a expectativa das pessoas, melhor elas farão as coisas". Você já deve ter sentido isso quando as pessoas no trabalho estão realmente contando com você para que as coisas caminhem, ou, talvez, isso pode ter acontecido em seu relacionamento romântico, em sua família ou nos esportes... Pessoas talentosas tendem a trabalhar duro para alcançar um objetivo; logo, a mistura de pessoas certas com a visão certa, em geral, faz com que as coisas aconteçam. Resultado: as maiores expectativas são não apenas alcançadas, mas, geralmente, superadas.

No mundo corporativo atual, todavia, o que mais vemos acontecer é o chamado "efeito pigmaleão negativo" — se você não fizer X ou Y terá de enfrentar tais e tais consequências. Sim, é uma expectativa grande, mas não envolve visão, brilho nem resultados revolucionários. Trata-se de outra forma de falha referencial. Você pode estar motivado, mas não estará inspirado.

A inspiração leva aos tipos de sacrifício e perseverança necessários para que uma tarefa seja realizada, ao passo que a simples motivação não. E essa inspiração tem de vir de cima, na cadeia corporativa — tem de vir do líder (nesse caso, de você).

MANTENDO O FOCO

Então, será que Steve Jobs simplesmente estabeleceu a visão, comandou algumas reuniões, definiu como as coisas seriam administradas e foi fazer um monte de apresentações para analistas de Wall Street, ou foi para casa e ficou esperando o anúncio do próximo Macworld ou do próximo produto? De forma alguma! Jobs esteve envolvido em quase todos os níveis e em praticamente todos os projetos mais importantes. E estava da profundamente envolvido no processo de fazer as pessoas se sentirem importantes, ansiosas por superar as expectativas e prontas para trabalhar no produto seguinte. A inspiração contínua era o principal componente do estilo de liderança de Steve Jobs.

EM DIA COM OS ÚLTIMOS ACONTECIMENTOS

Steve era um praticante ativo da filosofia MBWA,[1] expressão popularizada por Bill Hewlett e Dave Packard, da HP. Steve participava de reuniões de verificação, de revisão de projeto e de outras ligadas a outros assuntos relacionados com o desenvolvimento do produto. Os membros da equipe sabiam que a qualquer momento ele poderia aparecer em sua mesa para se informar sobre o que estava acontecendo. Quando a revista *BusinnesWeek* o entrevistou em 2004, Steve estimou que deixava metade da administração cotidiana nas mãos de sua equipe executiva a fim de que ele próprio pudesse "gastar metade do tempo trabalhando em coisas novas".

O comportamento de Steve em reuniões e nos encontros individuais com membros da equipe era descrito como petulante, duro e até mesmo grosseiro em algumas ocasiões. Jobs fazia algumas per-

1 Sigla da frase "*management by walking around*" (gerenciamento por meio de voltas). (N. T.)

guntas difíceis e às vezes ficava impaciente, mas, de acordo com a maioria dos relatos, seu tom voltava ao normal assim que percebia que as pessoas estavam trabalhando de acordo com sua visão e seguindo o caminho de desenvolvimento do produto.

Todavia, ao tentar ficar em dia com os últimos acontecimentos dessa maneira, Jobs, na verdade, estava fazendo três coisas:

- Primeiro: mantendo-se informado sobre os pormenores do projeto para que pudesse fazer perguntas melhores e observações mais astutas na reunião seguinte — ou na próxima mesa que visitasse.
- Segundo: reforçando a inspiração e relembrando cada funcionário da importância de *sua* contribuição.
- Terceiro: dando um bom exemplo, estava dizendo para as pessoas que, apesar de ser um bilionário de fama mundial, não estava acima do que eles estavam fazendo ali.

De acordo com o ex-vice-presidente e mão direita de Jobs, Jay Elliot, "as pessoas ficam mais ligadas ao que estão fazendo — criando um produto, neste caso —, porque sabem qual é a ligação que têm com seu líder".

Steve disse à *BusinessWeek* em 2004:

> *Temos 25 mil pessoas trabalhando na Apple. Cerca de 10 mil delas estão nas lojas. E meu trabalho é lidar com as cem melhores, é isso o que faço. E não significa que todas elas sejam presidentes. Algumas são apenas colaboradoras especiais. Então, quando surge uma boa ideia, sabe, parte do meu trabalho é andar pela empresa e ver o que pessoas diferentes pensam a respeito daquilo, fazer com que elas falem sobre aquilo, discutir com elas a respeito daquilo, fazer com que aquele grupo de cem pessoas explore os diferentes aspectos daquela ideia.*

Para Jobs, o importante era estar em todos os lugares e colocar a mão na massa. Era disso, afinal, que se tratava o produto e, consequentemente, a empresa — dessa relação, e não de poder ou de dinheiro. Com Steve Jobs, a proatividade poderia ser uma experiência fantástica.

DEIXE TRANSPARECER DO QUE VOCÊ GOSTA

Desde os primórdios da Apple, Steve Jobs aprendeu a reconhecer o sucesso de seus funcionários e a compartilhar com eles o seu próprio sucesso. Os primeiros relatos descrevem o reconhecimento pessoal de cada sucesso, incluindo bônus entregues pessoalmente, distribuição de produtos gratuitamente e medalhas e camisetas comemorativas. Quem precisasse viajar fazia isso na primeira classe e todos participavam de um ambiente de trabalho agradável, com geladeiras cheias de bebidas (geralmente sucos Odwalla, os preferidos de Jobs).

De volta aos dias do desenvolvimento do Mac, Steve permitiu que cada *designer* assinasse uma pequena placa, que foi reproduzida e colocada dentro do *case* de cada Mac (muitos compradores jamais as viram, mas isso significava muito para a equipe). As celebrações eram frequentes e notáveis não apenas no lançamento de algum produto novo, mas também em cada marco que os produtos atingiam — sempre havia *pizza parties* nos escritórios e nos prédios das equipes em Carmel/Monterey, também na Califórnia. A distribuição de produtos ainda é uma norma: ou os funcionários os ganham, ou têm direto a grandes descontos, o que simultaneamente aumenta a autoestima e permite que os produtos sejam exibidos. No mundo atual, é surpreendente quão rara é essa prática.

Recompensas são legais, mas tão importante quanto elas é o fato de deixar transparecer para todos quão importante é a contribuição de *cada um*. E Steve era mestre em fazer isso. Embora pudesse "excluí-lo" rapidamente da equipe se você não estivesse trabalhando de acordo com o programa, ele também sabia ser muito generoso. Jobs era muito compreensivo e empático. As mensagens eram entregues de uma forma que tanto recompensava e reconhecia o valor das pessoas quanto as motivava para seguir em frente e partir para a próxima realização.

Uma entrevista para a revista *Fortune*, concedida em 1998, ofereceu um bom resumo da cultura de Steve Jobs e de como essa cultura se diferenciava das demais:

A inovação não tem nada a ver com quantos dólares você investe em pesquisa e desenvolvimento. Quando a Apple apresentou o Mac, a IBM estava gastando pelo menos cem vezes mais do que nós em pesquisas. Inovação não tem a ver com dinheiro. Inovação tem a ver com as pessoas que trabalham com você, tem a ver com a forma como você as lidera e com o quanto você consegue extrair delas.

A seguir estão algumas estratégias para construir a cultura de Steve Jobs:

- *Crie uma visão entusiasmante.* É difícil criar uma cultura de inovação sem ter uma visão entusiasmante. Empenhe-se para fazer algo especial.
- *Encontre piratas.* Mas não somente piratas — procure piratas apaixonados.
- *Procure diversidade de experiências.* Reconheça que a diversidade expande a visão da experiência humana, expande a visão de como a experiência humana pode caminhar rumo ao futuro.
- *Olhe para o currículo, mas não se esqueça de olhar também além dele.* Observe as informações globais, observe os sinais de sucesso e de criatividade.
- *Mantenha a organização simples.* Mantenha a organização o mais global possível. Não caia nas armadilhas da burocracia. O processo deve apoiar a inovação, e não o contrário.
- *Permita às pessoas correrem riscos inteligentes.* Sempre tenha o sucesso como referência, e nunca o fracasso.
- *Evite blocos organizacionais e o pensamento compartimentado.*
- *Seja a visão e seja o produto.* Viva isso todos os dias.

- *Não tenha medo de ter grandes esperanças.* Se a visão estiver certa, ela irá energizar as pessoas.
- *Fique próximo de sua equipe*. Seja simpático. Misture-se. Tenha contato com as pessoas. Seja honesto. Pense sempre no produto e no consumidor, e nunca no dinheiro e no poder.
- *Sempre dê um exemplo excelente.*

CAPÍTULO 7

PRODUTO

Sonhávamos com essas coisas. Agora vamos desenvolvê-las. Isso é ótimo.

Steve Jobs, Conferência Mundial para Desenvolvedores, 2004

Em 2010, na Conferência Mundial para Desenvolvedores da Apple (WWDC), Steve Jobs tomou a palavra novamente:

> *Estamos apresentando o iPhone 4 — a quarta geração do iPhone. Agora... isso é uma grande novidade. Há mais de cem novas características e não teremos tempo de falar sobre todas elas hoje, então vou listar oito delas com vocês, oito novas características do iPhone 4. A primeira: um novo* design. *Agora... me interrompam caso vocês já as conheçam* [risos em referência a informações anteriores que teriam vazado]*.... Acreditem, vocês ainda não viram nada parecido. Vocês precisam ver com seus próprios olhos; esse é um dos* designs *mais bonitos que vocês já viram. É sem dúvida alguma a coisa mais precisa, uma das coisas mais bonitas que já fizemos. Tela e fundo de vidro envoltos em aço inoxidável. E a precisão com que isso foi feito vai além de qualquer produto que o consumidor já tenha visto. É da mesma família da câmera Leica, nunca antes visto em nenhum produto... simplesmente lindo... e extremamente fino... esse é o novo iPhone 4* [aplausos].

Steve continuou, por mais dois minutos, descrevendo as novas características, que incluíam o *case* de duas partes feito em aço inoxidável e que se dobra formando uma antena de dupla função "projetada dentro da estrutura do iPhone; algo nunca feito antes... engenharia arrojada". E concluiu: "Não acredito que haja nenhum outro produto como esse... quando você segurá-lo nas mãos, sentirá... é inacreditável".

Essa apresentação, assim como a maioria das apresentações de Steve Jobs, mostrou claramente o seu profundo envolvimento e conhecimento do produto. Quantos presidentes de empresa você já viu segurar, sentar, dirigir ou experimentar algum dos produtos de sua empresa em público? Sempre me impressiono com o fato de que, salvo exceções como Lee Iacocca, da Chrysler, e Herb Kelleber, da Southwest Airlines, quase nunca vemos o presidente de uma empresa dividindo a mesma foto com um dos produtos da empresa — e muito menos segurando esse produto, mostrando-o ou falando a todos de uma forma tão apaixonada sobre como ele funciona.

Steve não apenas fez isso, como também deixou uma mensagem incontestável: ele *se preocupava* com isso.

O TOPO DA MONTANHA

No mundo de Steve Jobs, o produto é o clímax e o Santo Graal da cadeia de liderança, que se inicia no consumidor e volta para ele. Temos mais dois capítulos neste livro, Mensagem e Marca, que colocam a cereja no bolo. Mas não se engane: a missão da Apple e a missão de Steve Jobs estão no topo da montanha quando um produto revolucionário — o produto como um todo, isto é, o produto *global* — encontra o seu caminho no mercado e cai nas mãos do consumidor.

O que Steve Jobs faria? não é um manual sobre *design* de produtos, portanto não iremos nos aprofundar no *design* do produto nem na história do *design* dos produtos da Apple. Em vez disso, este capítulo irá explorar a importância do produto e o papel que ele desempenha no processo maior de liderança do qual faz parte.

Identifiquei três excelentes características do produto que estão diretamente relacionadas ao estilo de liderança de Steve Jobs. Como líder de sua própria organização, você pode colher pistas observando as atitudes de Steve Jobs e a importância que ele dava aos três atributos que um produto precisava apresentar. Além dos próprios produtos, esses atributos também definem a forma como Jobs enxergava o mundo, e muitos desses princípios foram aplicados não apenas aos produtos, mas à corporação como um todo:

- Plataforma, não produto.
- Simplicidade elegante.
- O fator *cool*.

Se somados, esses três princípios dão origem a um guia de três palavras para o *design* de produto e para a liderança: completo, simples e arrojado.

"NÃO É UM TELEFONE, É UMA PLATAFORMA"

Pense na última vez que você comprou um produto tecnológico (qualquer um que não seja da Apple). Um *laptop*, por exemplo. Provavelmente você pesquisou sobre esse produto no *site* do fabricante. Lá estava o site, com o mesmo formato de sempre, trazendo as mesmas estatísticas sobre velocidade e desempenho, nada de especial. Agora, você precisa encontrar um lugar para comprar o produto. Suponha que seja uma loja de eletrônicos convencional. Você entra. Escuta o barulho de milhares de produtos tocando. Vai até o departamento de informática. Anda um pouco. Finalmente, alguém com seus 20 anos, vestindo um jaleco azul e usando um *piercing* no nariz pergunta se pode ajudá-lo. Você faz algumas perguntas, obtém algumas respostas padrão e compra o produto depois de esperar em uma fila logo atrás de alguém que estava comprando um aspirador de pó.

Então, você vai para casa configurar o seu novo *laptop*. Liga o aparelho, e ele funciona. Mas, agora, a Microsoft assume o controle. Você inicia o Windows e faz o registro. Tudo bem por enquanto, mas, para todos os efeitos, você é um cliente da Microsoft. A padronização continua. Quer música? Você abre o iTunes ou o Rhapsody ou algo do gênero. Quer outros programas para rodar em sua máquina? Volte às compras. Então, terá de encarar processos de instalação demorados e lidar com fornecedores.

De repente algo acontece com a máquina e a tela fica preta. Você liga para o 0800 e um atendente a quilômetros de distância lê uma longa lista de perguntas prontas. Seu computador não funciona. Agora, você está à mercê da loja de eletrônicos, que decidirá se devolve ou não o produto para o fabricante. Você está tratando diretamente com a empresa que desenvolveu o *software*? Não. Está lidando com a empresa que fez o produto? Talvez sim, talvez não — dependendo da quantidade de serviço que a empresa tenha terceirizado.

Bem, entendeu a ideia? Você não tem um produto integrado, projetado como um produto completo, nem tem uma experiência integrada, projetada como uma experiência como um todo.

UM PRODUTO OU UM PACOTE?

Na tecnologia de hoje, a maioria dos produtos é uma coleção de outros produtos empacotados juntos para, com sorte, atingir o objetivo do *design*. Por causa disso, eles tendem a não funcionar tão bem quanto um produto fabricado inteiramente pela mesma empresa. Os usuários do Google Android estão descobrindo isso, porque o Google não fabrica o *hardware*. É necessário que haja todo o ecossistema para haver produtos muito bons. E o mesmo é válido para o resto da experiência além do produto em si. Na maior parte do mercado de tecnologia, os fabricantes não podem controlar a distribuição, a revenda, a configuração e nem mesmo o serviço oferecido.

Tais experiências apontam a necessidade de produtos completos, *globais*. O produto será melhor se for bom por dentro (os componentes que o fazem funcionar) e por fora (as demais experiências que o consumidor terá ao usufrui-lo). Parece que, atualmente, a maioria dos fabricantes se empenha na perfeição do "núcleo" do produto e fica satisfeita se os elementos tangenciais não forem negativos; poucos se preocupam em transformar esses elementos em experiências positivas reais para o consumidor.

Steve Jobs e a Apple não enxergavam dessa forma. Eles levaram o mundo para a liberdade — particularmente o mundo da tecnologia — em termos holísticos ou do pensamento global sobre o produto. Eles trabalharam para proporcionar ao consumidor uma experiência completa, que atendesse às suas visões e necessidades, como analisamos nos capítulos anteriores.

Sem a menor sombra de dúvida, produtos completos são bons do ponto de vista do *design* e da experiência. E, quando bem feitos, eles ainda trazem rentabilidade. Desde o desaparecimento de câmeras e filmes — e não considerando navalhas e lâminas como uma plataforma de produto bem mais simples —, nunca vimos ninguém encontrar uma forma de monetizar o relacionamento pós-venda com o cliente da maneira que a Apple faz.

O produto global e a experiência global do consumidor se tornam uma via de mão dupla: o consumidor ganha e a Apple ganha. O consumidor recebe sempre a melhor e mais completa experiência — e, eu diria, mesmo correndo o risco de utilizar um termo batido, uma experiência perfeita. A Apple obtém receita remanescente após cada venda e mantém sob controle a experiência do consumidor e, mais recentemente, detém o acesso a uma grande quantidade de informações sobre seus clientes (até demais, alguns especialistas diriam).

DESDE O INÍCIO

Desde o início Steve Jobs foi direcionado à experiência global do consumidor e à criação de um produto completo. Inicialmente, ele aplicou essa visão holística à criação de um produto completo, concentrado em um gabinete simples e de fácil utilização, o Apple II (desenhado para se assemelhar ao Cuisinart, outro gabinete de fácil utilização que Jobs vira na prateleira de uma loja, como conta a história). A ideia cresceu com a disponibilidade e uso do VisiCalc (embora não tenha sido desenvolvido pela Apple) como um aplicativo sólido do Apple II.

A ideia do produto completo chegou aos mercados com o inovador Macintosh. O Mac era realmente uma "chave na mão": pronto para uso, sem necessidade de configuração ou de programas adicionais. Tudo *on-board* em um gabinete que era simples até mesmo para os padrões de hoje. O sistema operacional era integrado ao produto. Na época da apresentação do Mac, Steve viu uma nova impressora a laser sendo desenvolvida pela Canon e imediatamente procurou a empresa para desenvolver uma versão de mercado — a LaserWriter — especialmente para o Mac. Quando a Apple não desenvolve um acessório ou *software*, ela trabalha muito próximo ao fornecedor, para assegurar o seu perfeito desenvolvimento, e, sempre que possível, tenta vender o produto sob sua própria marca.

O *design* holístico traz produtos melhores. A Apple gerencia a experiência. A qualidade melhora e há menos ocorrências de "telas azuis". O canal de vendas vende mais e o consumidor consegue a solução. O que mais poderíamos querer?

QUEM ESTÁ TOMANDO CONTA DA LOJA?

Sob a direção de Steve Jobs, a Apple continuou no caminho de integração da experiência completa durante a existência do Macintosh. Steve visualizou a entrega direta para os consumidores através da FedEx, assumindo com isso o controle de parte do processo e estabelecendo um contato mais próximo com o consumidor. Nessa época, a Apple tinha revendedores exclusivos e certa presença em grandes varejistas, mas nenhum canal direto. A ideia do canal direto de vendas, contudo, foi vetada por John Sculley, um cético, que via a distribuição como um modelo integrado e uma batalha por espaço nas prateleiras, bem ao estilo da indústria de refrigerantes.

Esse conflito, entre outros, levou à saída de Steve, mas a ideia de venda direta aos consumidores como parte de uma plataforma completa do produto nunca deixou de existir.

O que veio em seguida — depois do retorno de Steve em 1996, claro — foi o iTunes, em 2001. Baseado na plataforma de um *software* de terceiros adquirida e modificada, e com uma abordagem inovadora que propiciava o *download* pago de músicas (o qual Steve teve que negociar muito com a indústria fonográfica), surge o iTunes. Agora, pela primeira vez, uma loja seria de fato parte do produto da Apple. A iTunes Store não apenas permitiu a compra fácil e simples, como também conquistou a compra de música a distância. E, é claro, a Apple se tornou uma grande atuante no mercado da música, com estimativa de mais de 1 bilhão de dólares em receitas anuais do iTunes.

A App Store para iPod e iPad vieram logo em seguida. O modelo era o mesmo: propiciar simples compra, venda e *download* de aplicativos para os dispositivos.

Os clientes podem escolher entre uma variedade de aplicativos gratuitos e pagos distribuídos em doze categorias, de negócios e educação a *games* e entretenimento. A App Store estabelece a experiência e a fidelização do cliente e, ao mesmo tempo, gera receitas substanciais (a Apple não divulga valores das receitas de venda do iTunes ou App Stores).

A App Store e o iTunes acrescentaram muito à experiência de pós-venda do cliente. Mas o que dizer sobre a experiência pré-venda? E quanto ao suporte pós-venda do produto?

A primeira loja da Apple abriu as portas em 2001 e, em julho de 2011, já havia mais de 357 delas espalhadas pelo mundo. Cuidadosamente elaboradas e com criteriosa seleção de pessoal, as lojas não apenas vendem produtos, mas "promovem profundas conexões emocionais com os clientes". Elas foram concebidas de forma a transmitir o *design* simples, elegante, insinuante e limpo dos produtos em um ambiente físico bonito e atraente. Vendedores treinados caminham pela loja, e o "Genius Bar", localizado na parte de trás, oferece apoio ao final da experiência. Por meio da criação dessas lojas, Steve Jobs seguiu a direção contrária à sabedoria convencional, apesar do fracasso das lojas da Gateway e da desistência da Dell de abrir lojas próprias. Porém, a forma como as lojas completavam a experiência dos consumidores era única e encantava os clientes; fazer compras em uma loja da Apple é uma experiência agradável mesmo para aqueles que não possuem nenhum produto da marca.

As lojas da Apple, assim como qualquer outro produto em seu universo, fazem parte do produto global da empresa. E os componentes desse produto são criados com base no mesmo padrão dos próprios produtos.

A plataforma da Apple não apenas apoia a experiência do cliente, mas *acrescenta* a essa experiência.

"O SIMPLES PODE SER MAIS DIFÍCIL DO QUE O COMPLEXO"

Veja (ou melhor, nos dias de hoje, pegue) um produto da Apple. Quais são as suas primeiras impressões? Suave, substancial, sólido, sofisticado, *sexy*, simples. Estou usando adjetivos com a letra "s", mas isso não importa. Os produtos da Apple possuem uma simplicidade elegante que não é superada por ninguém, exceto por alguns produtos de áudio da Bang & Olufsen direcionados ao *design* e que datam da década de 1960. Mas a simplicidade elegante estende-se muito além do *design* encantador e atraente.

Simplificando, Steve (outro "s", que tal?) procurou um nível de refinamento e sofisticação que seria copiado pela maioria de seus concorrentes. Não se tratava apenas da aparência dos produtos, mas de como eles eram percebidos. E não era apenas questão de como eram percebidos, mas de como funcionavam.

Se tivesse se dedicado a esse ofício, Steve provavelmente teria se tornado um grande *designer*. Mas ele era melhor na criação de uma visão, e deixava o *design* por conta de seus especialistas para poder se dedicar ao resultado. Em 1992, uma das grandes sacadas da Apple em um período relativamente conturbado foi a contratação do *designer* industrial inglês Jonathan Ive, que já havia trabalhado para a Apple como consultor. Ive defendia uma aparência bastante limpa, elegante e de altíssima tecnologia, com a utilização de grande quantidade de plástico branco, alumínio, titânio e aço inoxidável, além de superfícies planas, desenhos minimalistas para interfaces de controle, tomadas etc. Inicialmente, ele trabalhou com os *laptops* PowerBook originais e deu um grande passo em 1998, com a introdução do iMac colorido, uma ideia sua. Ive é reconhecido por ter criado o conceituado *design* do iPod e é responsável por um laboratório de *design* na Apple. Atualmente, é o vice-presidente sênior de *design* industrial.

Em 2008, o *Daily Telegraph* o nomeou o britânico mais influente da América.

MENOS É MAIS

Simplicidade não é apenas um objetivo, é uma paixão. Para Steve, quanto mais simples o produto, mais sofisticado ele é. É preciso um padrão superior de *design* para se fazer algo simples. Em 1998, pouco tempo após seu retorno à Apple, Steve declarou em uma entrevista à revista *Business Week*: "O simples pode ser mais difícil do que o complexo. Você precisa trabalhar duro para conseguir 'limpar' seu pensamento e torná-lo simples. Mas, no final, vale a pena, porque, quando você chegar lá, poderá mover montanhas".

Mark Twain certa vez disse: "Se você quer que eu faça uma apresentação de duas horas, estou pronto hoje. Se você quer uma apresentação de apenas cinco minutos, levarei duas semanas para prepará-la". E muitos outros têm compartilhado o mesmo pensamento.

Para Steve e sua equipe, um telefone celular com quarenta botões era algo inviável. Um botão apenas era o objetivo do *design*, o que levou um tempo extra de trabalho. A bela interface gráfica e os controles de toque simples foram trazidos do iTouch. A Apple deseja que seus produtos sejam definidos em poucas palavras: aquilo que você entende é aquilo que será lembrado.

Seguindo essa mesma linha, em uma entrevista concedida em 2006 conjuntamente à revista *Newsweek* e à rede de televisão MSNBC, Steve disse:

> *Observe o* design *de vários produtos: eles têm uma aparência complicada. Nós tentamos fazer algo mais global e simples. Quando você começa a tentar resolver um problema, as primeiras soluções que vêm à sua cabeça são as mais complexas, e a maioria das pessoas para por aí. Mas se você continuar tentando, e viver com o problema e descascar mais camadas da cebola, poderá chegar a*

algumas soluções muito simples e elegantes. A maioria das pessoas não emprega tempo nem muita energia para chegar lá. Acreditamos que os consumidores são inteligentes e que eles querem objetos que sejam bem pensados.

Menos é mais. Portanto, eu deveria parar aqui. Você já entendeu a questão. Faça o trabalho extra para simplificar as coisas. Simples e bem feito.

MAIS QUE SIMPLES PRODUTOS

Steve Jobs queria ver em famílias de produtos e nas organizações o que ele via nos produtos em si. Para Steve, "juntos, simplicidade e foco são uma e a mesma coisa".

Considere o que aconteceu quando Steve voltou à Apple e reduziu a grade de produtos de 350 para apenas quatro. Você acha que isso colaborou para o foco das equipes? Acha que ajudou a equipe de vendas, o canal e as lojas varejistas? Ajudou o cliente? Pode apostar que sim.

Da mesma forma, as estruturas organizacionais da Apple são simples. A maioria das empresas de alta tecnologia possui pessoas espalhadas por cidades em todos os cantos. Um produto da HP, por exemplo, pode ser desenvolvido na Califórnia, no Colorado, em Houston e em Massachusetts, sendo que cada uma dessas regiões desenvolve uma parte do projeto — a sua. Fusos horários, comunicações de voz, e até mesmo diferenças culturais causam conflitos em todo o processo. Steve manteve sua equipe pequena, simples e unida. A recentemente anunciada "nave espacial", a nova sede da Apple que será construída em Cupertino e terá mais de 250 mil metros quadrados, foi projetada para manter todas as equipes sob o mesmo teto, já que, atualmente, elas estão espalhadas pelos quase cinco quilômetros da sede da Infinite Loop.

Simplicidade no produto. Simplicidade organizacional. Foco. Simples assim.

NÃO SE ESQUEÇA DO FATOR *COOL*

Os produtos da Apple são conhecidos por serem *cool* — aliás, para muitos admiradores, os produtos se tornaram sinônimos de *cool*. O próprio Steve Jobs utilizava muito essa palavra. Mas, o que significa realmente? É divertido observar as definições de gíria. Aparentemente, a definição mais "moderna" (em contraste com a época, a atmosfera e o humor) surgiu em clubes de jazz afro-americanos na década de 1930 e, desde então, se mantém mais ou menos a mesma. Vejamos algumas definições e frases que se conectam com o sentido de *cool* e faça sua escolha:

- Definições com palavras isoladas incluem "de bom gosto, com bom aceite, admirado e aprovado".
- Uma definição um tanto vaga é "estética que combina atitude, comportamento e estilo", mas essa definição não deixa claro a que tipo de estética se refere.
- E outra, mais específica, é: "algo relacionado ao *zeitgeist*". Usando nossos conhecimentos da língua alemã, podemos definir essa expressão como "espírito do tempo" ou "espírito da época", mas há outra definição que permite visualizar melhor o sentido da expressão alemã: "evitar camisas de força mental".

Então, nós ainda não temos critérios bem definidos, não há nenhuma lista de definições corretas para o fator *cool*. Talvez seja como a cultura da inovação discutida no Capítulo 6: você conhece uma quando *vê* uma. Um líder à procura de uma boa dose do fator *cool* em um produto deve ficar atento aos seguintes elementos:

- Uma embalagem e um produto com aparência futurista e moderna.
- Linhas simples e refinadas e os melhores materiais.
- Qualidades sensoriais extraordinárias: toque, sensação, som.

- Simplicidade e qualidade na interface humana — adequado e com controles e botões fáceis de usar.
- Sedutor e *sexy*, que chame a atenção do consumidor e desperte nele o desejo de tocá-lo, senti-lo e ouvi-lo repetidamente.

Seja lá qual for a definição de *cool*, Steve Jobs sabia o que isso significava quando olhava para o produto — e sabia também que os consumidores estavam dispostos a pagar por isso. Jobs investiu em produtos e em indivíduos como Jonathan Ive para incutir em todos os produtos da Apple o fator *cool* pelo qual a empresa seria mundialmente reconhecida.

O que Steve Jobs faria

Pode parecer que muito disso se aplica apenas à indústria de tecnologia. Se você estivesse administrando uma empresa especializada em limpeza ou um restaurante de tacos, isso também se aplicaria? A verdade é que é preciso alguma reflexão, prática, experiência e, sim, tolerância para falhas. Mas mesmo que esteja em uma dessas empresas menos atrativas, você ainda tem um produto completo. Se você vende produtos para limpeza de banheiros, seu cliente deve preparar, utilizar, descartar e proteger a roupa enquanto o utiliza. Há experiências sensoriais, incluindo o aroma pós-limpeza. Talvez você possa ainda apresentar uma embalagem atrativa, um *dispenser* ou suporte tão legais que até mesmo os adolescentes da família queiram experimentar.

Se você está administrando um restaurante mexicano, pense novamente a respeito da totalidade do produto e da experiência completa, da chegada à saída do cliente. O serviço, a limpeza e a experiência sensorial: tudo isso conta e muito. Em vez de ver esses itens como um mal necessário, visualize-os como uma oportunidade de diferenciar o seu restaurante para mostrar, acima de tudo, a excelência por trás e além do sabor do alimento. Mantenha o cardápio, a decoração e o serviço simples. Elegantemente simples. Como no In-N-Out Burger, que vimos no Capítulo 4.

Novamente, lembre-se: pense completo, simples e *cool*.

A seguir, estabeleço algumas estratégias de produtos usadas por Jobs:

- Sempre pense no produto completo.
- Olhe para todos os componentes do produto global como oportunidades para se destacar, e não apenas como ferramentas para enfrentar a concorrência ou realizar uma tarefa.
- Pense elegante, pense simples.
- Não se esqueça de também manter a empresa simples.
- Não se esqueça do fator *cool:* sofisticado, sedutor e sexy.

CAPÍTULO 8

MENSAGEM

E ele sabia vender. Cara, como ele sabia vender.

Walter Mossberg, 5 de outubro de 2011

O primeiro iPod foi apresentado no Apple Music Event de 2001. A seguir, trecho de uma apresentação que durou nove minutos:

> *O campo que escolhemos trabalhar — a escolha que fizemos — foi a música. Por que a música? Bom, nós amamos música. E é sempre bom fazer algo que você ama. E um aspecto ainda mais importante: a música faz parte da vida de todo mundo.*
>
> [*Slide* projetado na parede atrás de Steve: "Uma parte da vida de todos (principal mercado-alvo)".]
>
> *De todos. A música está em toda parte desde sempre. Ela estará sempre em todo lugar e isso não é um mercado especulativo. E porque a música é parte da vida de todos, ela abrange um mercado muito grande em todo o mundo, não conhece fronteiras. Mas, curiosamente, nessa revolução da música digital,*
>
> [*Slide*: "Nenhum líder de mercado".]
>
> *... não há nenhum líder de mercado.*

[*Slide*: logos de marcas da Creative, Sonic/blue e Sony.]

Há empresas pequenas como a Creative e a Sonic/blue e há grandes empresas como a Sony que ainda não obtiveram sucesso. Elas ainda não encontraram a receita da música digital. E nós acreditamos não apenas que podemos encontrar essa receita, mas também que a marca Apple será fantástica, porque as pessoas já confiam nela para adquirir ótimos produtos digitais eletrônicos.

[*Slide*: "Música portátil".]

Veremos agora a música portátil. Vamos observar a imagem.

[*Slide*: primeira imagem — um CD *player*.]

Primeira coisa, se você quer ouvir música portátil, você sai e compra um CD, certo? Esta é uma maneira. Você pode ouvir entre dez e quinze músicas. [Segunda imagem: um *flash player*.] *Ou você pode comprar um* flash player. *Você pode comprar qualquer um deles.* [Terceira imagem: um tocador de CD no formato MP3.] *Também pode comprar um tocador de CD de MP3 player.* [Quarta imagem: MP3 *player*.] *Ou, ainda, você pode comprar um MP3* player. *Essas são as quatro opções que você tem para música portátil até o momento. Vamos ver cada uma delas.*

[*Slide* com o título: "Preço do *player*/Quantidade de músicas/Preço da música".]

[Primeira imagem: CD US$ 75 — 15 — US$ 5".] *Um CD player custa cerca de 75 dólares, cada CD comporta entre dez e quinze músicas, o que significa que cada música custa cerca de 5 dólares.* [Segunda imagem: Flash *player* US$ 150 — 15 — US$ 10.] *Você pode comprar um* flash player, *pagar o dobro disso, cerca de 150 dólares, e terá a mesma quantidade de músicas (entre dez e quinze), por um preço médio de 10 dólares cada.* [Terceira imagem:

tocador de CD de MP3 US$ 150 — 150 — US$ 1".] *Poderá comprar um tocador de CD de MP3. Em um CD de MP3, que você poderá gravar em seu computador, você armazena até 150 músicas e, como você pagou 150 dólares pelo* player, *cada música terá custado 1 dólar.* [Quarta imagem: "HD US$ 300 — 1000 — US$ 0,30".] *Ou, ainda, você pode comprar um MP3* player *por 300 dólares que armazena mil músicas, custando cerca de 0,30 centavos cada música.*

Então, nós observamos e estudamos todas essas informações [destacando a linha do HD no *slide*] *e pensamos: "É aí que queremos chegar". É aí que queremos chegar. E hoje estamos apresentando um produto que nos leva exatamente a esse ponto, e este produto se chama* [*slide*: iPod] *iPod.*

iMac. iBook. iPod.

iMac. iBook. iPod.

A apresentação se estendeu por mais seis minutos, nos quais o iPod e seus benefícios foram definidos e seu funcionamento foi demonstrado. Não foi o discurso mais dinâmico nem o mais divertido de Steve. Mas foi um grande exemplo de estilo e conteúdo que ele manteve repetida e previsivelmente durante anos, especialmente após seu retorno à Apple, em 1996. Em termos simples e diretos: ele falou sobre a necessidade, sobre o problema, apresentou a solução e explicou como ela funcionava. A necessidade, o produto e como usá-lo. Por que, o que e como.

Steve não apenas transmitia o programa simples, direto e claro em três etapas. Ele o impregnava com visão de mercado para torná-lo incrível. Após a apresentação, você sabia exatamente o que o produto era, por que ele existia e para que servia. Você sabia por que estava lá para assistir e sabia que se lembraria de cada detalhe da apresentação.

Alguns grandes líderes falham porque, mesmo sendo brilhantes e talentosos, não conseguem transmitir sua mensagem aos demais. Outros são ótimos para transmitir a mensagem, mas não têm nada a dizer. Steve Jobs era mestre nos dois aspectos. Muitos líderes têm a porca e o parafuso certos para conduzir suas organizações e obter excelentes resultados, mas falham porque não podem ou não conseguem transmitir a mensagem. Eles não conseguem vender. Não conseguem convencer. Não conseguem inspirar.

Steve Jobs deu um excelente exemplo de como a mensagem não apenas vende o produto e a empresa, mas também energiza a organização. Ele era um grande exemplo de como transmitir uma mensagem corretamente e de como essa mesma mensagem estabelece e vende sua imagem como um líder.

SEJA A CARA DA SUA EMPRESA

Steve tornou-se a face pública não apenas de suas visões e dos seus produtos, mas também da sua empresa.

O que poderia ser mais simples? E, no entanto, com que frequência vemos outros líderes de empresas no palco, ou em qualquer outro lugar, fazendo o que Steve Jobs fazia? Já falamos sobre isso no capítulo anterior. Quando foi a última vez que você viu um chefe corporativo dividindo a mesma foto com um de seus produtos? Que dirá explicando o mercado, o produto e como ele funciona...

Lee Iacocca estabeleceu esse padrão na Chrysler. Dave Thomas fez verdadeiras pregações a respeito dos hambúrgueres da Wendy's.[1] Herb Kelleher pode ser visto discursando no corredor de um dos seus Boeing 737. Também há exemplos vindos de Sam Walton e Bill Coors aqui e ali. Mas, em sua maioria, os CEOs e os líderes de negócio norte-americanos se mantêm distantes do produto, perdem o foco e se afastam da mensagem da organização — eles deixam isso por conta das agências de publicidade.

Obviamente, isso é parte fundamental do que tornou Steve um porta-voz tão excepcional. Não foi somente pelo que ele fez, mas por ter feito tão bem. Esperávamos ansiosamente as aparições anuais no Macworld porque nelas conheceríamos o próximo lançamento *cool* da

1 Rede de lanchonete dos Estados Unidos aberta em 1969 por Dave Thomas, que morreu em 2002, e comprada pela Arby's em 2008.

Apple. Ficávamos empolgados porque o bilionário Steve Jobs havia reservado um tempo e feito um esforço para conversar conosco. Ele falava conosco no mesmo nível, como se estivesse sentado no sofá de nossa casa demonstrando o produto. Isso nos fez respeitá-lo e respeitar sua empresa cada vez mais. Isso nos *inspirava.*

E, como veremos logo mais, ele também inspirou todos os funcionários da empresa. Você não trabalharia entusiasmado em um produto que o presidente da sua empresa tivesse se empenhado pessoalmente em promover? Sim, claro que sim! Isso lhe ofereceria uma validação como profissional e o sentimento de orgulho por aquilo que faz. O que você faz é importante. O que você faz significa algo. O que você faz vale a pena.

É difícil apontar o motivo por que os presidentes e líderes de empresas não tiram proveito de tamanha oportunidade. Um CEO ou líder que quiser "comer do próprio fruto" irá proporcionar uma aparência popular para o produto e para si e ainda poupar dinheiro, já que atores caros e outros substitutos não serão necessários.

Transmitir a mensagem pessoalmente demonstra paixão. Revela comprometimento. Mostra que você está por trás dos produtos, da cultura, da visão e do consumidor. No caso de Steve Jobs, a mensagem se tornou parte do produto.

NO EXTERIOR

Como você apresenta uma visão? Como você faz em cinco minutos um discurso contendo uma estratégia importante que defina seu caminho no mundo? Como anuncia em cinco minutos um produto que vai mudar o mundo? Steve Jobs era mestre em compreender os consumidores, criar visões, construir uma cultura de inovação e produzir produtos.

Porém, havia algo a mais: Jobs era capaz de vender. Ele era capaz de convencer. E também era mestre na transmissão da mensagem a respeito do cliente, da visão e do produto. Quando a apresentação de Steve terminava, você já sabia exatamente por que o produto tinha sido feito, a quem era destinado, que necessidade do consumidor ele supriria e como funcionava. A mensagem incrivelmente simples de Steve vendeu o produto a consumidores, parceiros, desenvolvedores de *software*, imprensa, capitalistas de risco e investidores do exterior. Mas isso não é tudo. As apresentações de Steve percorreram um longo caminho vendendo a visão e o negócio *internamente*, ou seja, para os próprios funcionários da Apple.

Creio que, desde o início, as mensagens de Steve tenham sido criadas para servir a dois senhores, para evangelizar para dentro e para fora, e para construir e reforçar a cultura de inovação. As falas de Steve inspiravam os funcionários a ser criativos e produtivos, e reforçavam a visão da empresa.

E esse foi um ciclo extremamente positivo: expor uma visão que inspire sua equipe a produzir ótimos produtos que você vende para o mundo e que, por sua vez, inspiram sua equipe a seguir adiante. Que outro CEO ou líder de negócios de qualquer nível você conhece que fez ou faz a mesma coisa?

A MENSAGEM — SIMPLES E ELEGANTE

Como tudo no mundo de Steve Jobs, suas mensagens também foram cuidadosamente criadas visando à perfeição e eram marcadas pela simplicidade e elegância essenciais a um bom projeto.

Primeiro, ele preparava o palco. Suas declarações de abertura muitas vezes eram algo do tipo: "De vez em quando, um produto revolucionário chega e muda tudo..."

Desse ponto em diante, as apresentações seguiam uma estrutura bastante comum:

- *Por que precisamos disso?* Como parte da definição do tema de abertura, Steve descrevia a situação atual, por que ela deixava algo a desejar e onde a Apple pretendia chegar com ela. Se houvesse quaisquer números ou tabelas nos *slides* de Steve, este seria o momento em que eles entrariam em pauta. As tabelas e as figuras geralmente descreviam o mercado atual e, em geral, eram acompanhadas de alguma história — produtos anteriores e seu impacto, a história da evolução do PC ou algo do gênero. Independentemente da forma que fosse estruturada, essa era a parte da apresentação que preparava o terreno para a introdução do produto de fato.

- *O que é?* Uma vez que o terreno tivesse sido preparado, Steve apresentaria o produto, normalmente com a construção de um exemplo dramático expresso por uma repetição — por exemplo, "Um iPod. Um telefone. Um dispositivo de acesso à Internet", levando a plateia de sua apresentação para o iPhone ao delírio. Geralmente havia um *slide* com uma imagem do produto, que, dependendo do tamanho, estava no bolso da camiseta ou da calça de Steve, de onde ele o tirava para mostrar ao público.
- *Como funciona?* Até aqui, com a preparação e a atuação certas, qualquer CEO ou líder que esteja empenhado provavelmente poderá seguir esse passos — ir para o mercado e descrever o produto. A maioria deles terá de trabalhar o estilo, mas isso não será muito diferente das apresentações que são feitas em salas de conferência corporativas por todo o mundo, a não ser que o foco seja externo, e não interno. Mas o que realmente tornou Steve um caso a parte — e se transformou no terceiro elemento de sua mensagem — era a explicação tipicamente detalhada, um verdadeiro show sobre como o produto funcionava de fato. Steve fazia uma demonstração do produto como se estivesse sentado com você na sua sala de estar. Essa parte era algo realmente excepcional, porque mostrava seu grau de envolvimento e de comprometimento com o produto e sua experiência com ele.

Depois de termos fruído essa demonstração, havia geralmente um foco atrativo. Steve nos diria como o mundo mudaria. E então vinha o famoso, "ah, só mais uma coisa", quando alguma característica *cool*, como a interface com novos gráficos do OS X foi lançada. Essa "mais uma coisa" criava uma expectativa e causava um entusiasmo que nem mesmo as agências de publicidade poderiam imaginar.

Esses três elementos apareciam sempre que Steve anunciava um novo produto ao mundo ou um novo plano de negócios para o conselho da empresa ou para os capitalistas de risco. É maravilhoso pensar que Carmine Gallo, *coach* de Steve e *expert* em comunicação corporativa, costumava chamá-lo de "o maior contador de histórias do mundo corporativo".

O PODER DOS TRÊS

Falando sobre "os três elementos", Steve gostava de manter as coisas simples, e ele tinha um jeito de fazer isso agrupando ideias e conceitos em "três". Vimos isso através da construção triádica iPod/telefone/dispositivo de acesso à Internet.

Os mercados foram divididos em três; as apresentações foram divididas em três; a evolução até o iPod [iMac, iBook, iPod] foi dividida em três. Além da propensão de Steve para a simplicidade, havia outras razões para isso. Pesquisadores descobriram que as pessoas podem absorver apenas de três a sete coisas por vez, então, se você tiver uma apresentação de *slide* com nove pontos, não se preocupe. No mundo da tecnologia, a simplicidade é rainha e, no mundo de Steve, a simplicidade também era a rainha, então ele optou por mantê-la próxima do número três (e menos ainda, se possível).

Falo sobre isso na minha série de livros sobre análise de investimentos intitulada *The 100 best stocks you can buy*.[2] Nessa série, explico os três prós e os três contras de um investimento. E isso não apenas mantém o foco do cliente na análise, como também o ajuda a manter o foco em você, conforme você analisa ou tenta entender algo complexo.

Tente fazer isso. Você vai gostar. Funciona.

---

2 As 100 melhores ações que você pode comprar. (N. T.)

ENTREGA ESPECIAL

As apresentações de Steve Jobs eram simplesmente invejáveis, envolventes, informativas, emocionantes, divertidas e agradáveis.

Sua forma de se apresentar era quase tão importante quanto o próprio conteúdo. Steve definia o tema, comunicava as soluções que o produto traria, definia um roteiro para elas e criava momentos memoráveis, deixando a plateia ansiosa por mais.

Poucas pessoas no mundo corporativo (se houver) chegaram perto disso. Embora cuidadosamente ensaiadas — por horas, de acordo com a maioria dos relatos — as apresentações de Steve eram casualmente naturais. A partir do momento em que ele entrava no palco com sua camisa preta de gola alta, jeans desbotados e tênis brancos, as pessoas da plateia se sentiam à vontade, imaginando que ouviriam seu artista favorito em vez de um executivo sisudo. Funcionou.

As apresentações eram ensaiadas e coreografadas nos mínimos detalhes. Havia poucas imagens, que eram mostradas em tamanho grande atrás de Steve. A maioria delas, versões deslumbrantes do logotipo da Apple, imagens ampliadas e coloridas de algum produto da empresa ou apenas tabelas, listas, fatos ou projeções simples, sempre mostrados de forma limpa, concisa e colorida.

Steve tinha um estilo oral difícil de descrever, e sua apresentação é mais bem compreendida quando vista (a lista com algumas das apresentações favoritas no YouTube aparece ao final deste capítulo). Ele era calmo e confiante. Claro e bem articulado, usava frases curtas e palavras simples, raramente "tecnicistas". Quase não havia "hmm", "ahn"ou outras expressões para preencher o vazio de palavras. A cadência e o fluxo eram quase ideais, com pausas e silêncios nos momentos certos, de modo a permitir que o público digerisse sua mensagem ou degustasse o entusiasmo. Ele era verdadeiro e plausível, e era muito claro que estava falando o que pensava, não o que a plateia queria ouvir.

A apresentação, seu aspecto visual e a mensagem eram nítidas, visualmente simples e de fácil entendimento.

Todos esses traços e características são facilmente perceptíveis nos vídeos disponíveis no YouTube, e acredito que eles podem ser aprendidos ou desenvolvidos desde que uma razoável quantidade de treinamento e foco sejam dispensados.

Além dessas, havia algumas outras características notáveis nas apresentações de Steve Jobs.

SEM DISCURSO CORPORATIVO

Estamos cansados de ouvir sobre mudanças de paradigmas e cenários, escrutínios e vanguardas. Estamos cansados também de ouvir palavras como "basicamente", "lançamentos", "implementação" e "ritmo acelerado". A linguagem do mundo dos negócios está saturada de chavões e jargões que, no final do dia e das contas, pouco significam. Há, de fato, um jogo nisso. Você pode jogar o *Bullshit Bingo* em uma apresentação de negócios com um cartão personalizado com uma lista dessas expressões. O primeiro que completar uma coluna vence (visite o site www.bullshitbingo.net e experimente, é divertido).

Enfim, a intenção aqui não é divertir, mas destacar a clara rejeição de Steve ao típico discurso corporativo.

Steve usava palavras e frases simples, perspicazes e divertidas, tais como "Isso é lindo", "É incrível", "Eles não entendem". Palavras conhecidas não apenas por executivos ou iniciados no mundo da tecnologia.

SEMPRE UM *SHOWMAN*

Não há dúvida de que Steve tinha um dom para a dramatização. Ele sabia como apresentar um produto quase como uma peça em três atos ou como um romance emocionante. Os fatos que levam à conquista. A conquista — como aconteceu e o que podemos conseguir com ela.

Ele era o mestre da expressão, das pausas para reflexão e das inflexões. Ele sabia o momento certo de tirar o produto do bolso. De uma imagem para a outra, de uma declaração para outra, a plateia atenta esperava pela próxima grande surpresa do show. Havia sempre uma dramaticidade, um foco na captura dos aplausos. Claro, Steve usou essa ideia para sua própria vantagem com o "Ah, só mais uma coisa" após seus pronunciamentos.

PORÉM, DESPRETENSIOSO

Bons *showmen* normalmente tendem a superar, dominar e estar além do assunto que têm em mãos. Steve evitou isso cautelosamente. O traje casual era o começo de tudo. Todos nós poderíamos nos imaginar no lugar de Steve, apresentando o mais novo produto. O foco não seria o homem ou a imagem, mas o assunto e suas figuras. Você nunca ouviu sequer uma vez a respeito de suas realizações pessoais e raramente algo sobre sua vida pessoal. Na verdade, você raramente o ouvia dizer a palavra "eu".

PARA NÃO RIR

Imagine um ícone hiperjovem e talentoso apresentando os seus jovens produtos para a cultura da juventude do Vale do Silício que usava *shorts* e chinelo. A apresentação seria recheada de humor, piadas, insinuações e palavras distorcidas.

Isso não se parece muito com Steve.

Ele era um cara muito sério. Permaneceu concentrado na mensagem e, se lançasse uma pitada de humor, você certamente lembraria. Mas, ao contrário de tantos oradores, ficou claro que Steve não precisava usar o humor para prender a atenção da plateia, e ele sabia disso.

Uma frase famosa dita por Steve ocorreu na apresentação do OS X, em 2000, quando ele disse: "Os botões da tela parecem tão bons que dá vontade de lambê-los". Ele costumava usar o humor para cutucar algum concorrente (geralmente a Microsoft): "Os nossos amigos do norte gastam mais de 5 bilhões de dólares em pesquisa e desenvolvimento, e parece que todos eles fazem cópias do Google e da Apple."

Steve usava o humor não para entreter, mas para atingir um ponto e torná-lo claro. Dessa forma, ele era um pouco como outros grandes líderes, tais como Abraham Lincoln, Winston Churchill e Warren Buffet, só que de uma forma ligeiramente mais sutil.

STEVE JOBS NO PALCO

Se você pesquisar "Steve Jobs" no YouTube, vai encontrar algo em torno de 27.100 entradas. Naturalmente, nem todos esses são discursos originais; existem várias entradas diferentes para alguns deles. Mas, mesmo assim, há dezenas de apresentações exclusivas para você dar uma olhada. Aqui estão alguns dos meus favoritos (você pode pesquisar as primeiras palavras de cada um desses títulos no YouTube para encontrá-las):

- *Macworld San Francisco 2000*: a apresentação do OS X, de nove minutos, demonstração e introdução principais do *software* do produto
- *Steve Jobs introduces the "Digital Hub" strategy at Macworld 2001*[3]: principal estratégia e visão de produto, oito minutos.
- *October 2001 Apple Music Event*[4]: a primeira apresentação do iPod — estratégia e nova plataforma do produto.
- *Steve Jobs's 2005 Stanford commencement address*[5]: catorze minutos, junho de 2005
- *Introducing the new iPhone, Part I*[6]: dez minutos, janeiro de 2007.
- *January 2010 Apple iPad*[7]: seis minutos, Steve Jobs apresenta o iPad e seus benefícios.

Pegue uma bebida, ligue seu iPad e aprenda a disseminar a mensagem perfeita.

---

3 Steve Jobs apresenta a estratégia "Digital Hub" no Macworld de 2001. (N. T.)
4 Apple Music Event, outubro de 2001. (N. T.)
5 Discurso de Steve Jobs na formatura de Stanford, 2005. (N. T.)
6 Apresentação do primeiro iPhone, parte I. (N. T.)
7 Apresentação do iPad, janeiro de 2010. (N. T.)

Como vimos, Steve Jobs não parou na criação do produto e no desenvolvimento da experiência do cliente. De forma alguma. Ele difundia o produto e a visão que o sustentava de uma forma que tornava a visão praticamente uma extensão do produto. Ambos, conteúdo e estilo, eram únicos se comparados à maioria dos discursos corporativos, e Steve usava a mensagem de maneiras que jamais passariam pela cabeça da maioria das pessoas. Aqui estão algumas sugestões:

- *Nunca esqueça a mensagem.* Ela pode ser tão importante quanto o produto.
- *Seja seu produto, seja sua marca, seja sua empresa.* Não perca essa oportunidade. Não deixe isso para o pessoal de Relações Públicas. As pessoas dentro e fora da empresa irão responder positivamente.
- *Não esqueça: suas apresentações em público significam muito para sua equipe que está entre quatro paredes.* É uma oportunidade de ouro.
- *Mantenha o conteúdo simples e em grupos de "três".* "Por que precisamos disso, o que é isso e como funciona": esse é um bom ponto de partida para a organização da mensagem.
- *Mantenha a linguagem simples.*
- *Lembre-se: você está no palco. Use essa oportunidade.* Mas evite ser o centro das atenções. Trata-se do seu produto e da sua mensagem, não de você.
- *Seja confiante, esteja antenado e divirta-se.*

CAPÍTULO 9

MARCA

Tenho péssimas notícias para todos nós.
Steve faleceu hoje.

Tim Cook, CEO da Apple, 5 de outubro de 2011

Steve. Apenas Steve. Como Mike.

Todos sabemos quem é Mike, mas poucas pessoas na história tiveram sucesso em transformar seu *primeiro nome* em uma marca. E menos pessoas ainda — talvez nenhuma — na história dos negócios realizaram esse feito. O que Steve Jobs faria? O que Steve faria? De qual outro Steve *poderíamos* estar falando?

Nos dias seguintes à morte de Steve, a mídia e as conversas nas ruas eram apenas sobre ele. Todos conheciam sua história. Como Mike, Steve tocou milhões de vidas, seja de amantes do basquete ou não. Por causa de Mike, muitos de nós *nos transformamos* em amantes do basquete.

Mas o basquete não toca nossas vidas da forma como a tecnologia passou a tocar depois de Steve. Ele foi um modelo respeitado e renomado em uma indústria que nos toca todos os dias — mais do que nunca e de uma forma mais positiva do que nunca por causa do que ele, Steve, fez. Uma indústria, aliás, pouco conhecida por criar heróis do tipo que Steve viria a ser.

As pessoas comparam Steve Jobs a Thomas Edison e a Henry Ford. Thomas Edison e Henry Ford também criaram produtos — na verdade, indústrias — que tocam nossa vida todos os dias. Eles também contribuíram com grandes feitos para a filosofia e para o *ethos* dos negócios em uma época em que a filosofia e o *ethos* dos negócios não iam muito bem.

Mas será que Thomas Edison e Henry Ford tinham o carisma de Steve Jobs? A visão centrada no consumidor? A noção de *design* elegante e simples? Será que eles conseguiam fazer uma palestra ou apresentar um produto da forma como Steve fazia? A falta de uma mídia generalizada e de tecnologia pode ter prejudicado seus esforços, mas, mesmo se eles tivessem à disposição os meios de comunicação de hoje, ainda assim seria de duvidar que qualquer um dos dois pudesse ter mudado o mundo com o carisma, a paixão, o encanto pessoal, a clareza e a empatia que Steve Jobs exalava.

Thomas Edison foi um técnico inovador. Henry Ford foi um líder de negócios inovador. Mas nenhum dos dois se tornou uma marca. Steve Jobs se tornou uma marca.

A ESSÊNCIA DA MARCA

Podemos falar durante quatro horas sobre como construir a marca de um produto. E muitas pessoas já fizeram isso — a literatura e as fontes na Internet sobre esse tópico são bastante extensas. Portanto, não entrarei em detalhes, mas destacarei a seguir os traços característicos da criação da marca, do produto ou da empresa, resumindo-os em alguns temas centrais:

- *Imagem.* A empresa ou o produto cria um rótulo, *jingle* ou *slogan* reconhecível. A imagem cria o reconhecimento, é fácil de ser vista e de ser lembrada e pode dizer respeito a um pensamento, a uma característica física ou a uma promessa. Tide (a marca de detergente em pó mais vendida nos Estados Unidos) e McDonald's (a maior cadeia de *fast-food* do mundo) criaram imagens nas cores laranja e dourado facilmente reconhecíveis, que, com o tempo, passaram a ser as marcas para o consumidor.

- *Consistência.* Uma marca implica consistência, especialmente no que diz respeito às marcas nacionais no mundo de hoje. Vá a um McDonald's em qualquer lugar do mundo e você comerá basicamente o mesmo Big Mac. Compre uma caixa de detergente em pó Tide em qualquer lugar dos Estados Unidos e você terá suas roupas limpas da mesma forma na Califórnia, em Chicago, Nebraska ou Washington.
- *Promessa.* A imagem e a consistência estão envolvidas em uma promessa intrínseca de determinado padrão de qualidade, de valor, de gosto, de estilo e de conforto. A cadeia de hotéis Four Seasons tem uma marca que promete ser mais luxuosa do que a cadeia Holiday Inn.
- *Confiança.* Transmitida com sucesso ao longo do tempo, a promessa cria confiança. Quanto maior for a confiança, mais valiosa será a marca.

Não há dúvidas de que o valor de uma boa marca é enorme e, no mundo de hoje, em que os produtos têm ciclos de vida curtos e atenção reduzida, o valor de uma marca é maior do que nunca. As pessoas acreditam em boas marcas e estão dispostas a pagar mais por elas. O valor da marca Starbucks para a empresa Starbucks é quase incalculável, e sempre foi assim, desde o início — e o mesmo acontece com o valor da marca Apple para a empresa Apple.

O tipo de criação de marca (*branding*) de que poucas pessoas tratam e que, acredito, é exatamente o legado da liderança de Steve, diz respeito ao estabelecimento de uma marca *pessoal* — uma marca pessoal como líder. Uma marca pessoal incorpora traços da marca do produto, mas vai além, muito além deles. Mike pode até ter feito isso no mundo do basquete; Tiger Woods certamente o fez no mundo do golfe (até seu próprio comportamento destruir a promessa e a confiança). Todavia, ninguém no mundo dos negócios e da tecnologia fez isso melhor do que Steve.

DESENVOLVENDO UMA MARCA PESSOAL

Como ponto de partida, uma marca pessoal inclui todos os elementos da marca de um produto ou de uma empresa — imagem, consistência, promessa e confiança. Esses traços também podem ser desenvolvidos em uma pessoa, e essa pessoa, especialmente se for um líder, certamente terá sucesso. Todavia, pessoas têm personalidades, atitudes e comportamentos que nenhum produto tem — e que empresas podem ter somente como resultado da soma de todas as partes.

No que diz respeito a produtos e empresas, a confiança é fundamental — se as pessoas não confiam no produto ou na empresa, praticamente a única coisa que um marqueteiro pode fazer para vender os produtos (além de recuperar a confiança) é baixar os preços. No que diz respeito a pessoas, a confiança também é importante, mas a relação vai um pouco além da simples dependência, como no caso de produtos e empresas. Pessoas criam coisas; pessoas decidem sobre coisas; pessoas expressam emoções sobre coisas — e há mais coisas envolvidas nisso do que meramente o fato de um produto funcionar ou ter um bom preço. No que diz respeito a pessoas, o fator "confiança" se mistura com o fator *credibilidade*.

Vários traços contribuem para o tipo de credibilidade que Steve apresentava e compartilhava diariamente:

- *Respeito.* Como indivíduo ou líder, você ganha respeito ao ser correto, ao admitir seus erros e — esse é o ponto que a maioria dos líderes esquece — ao respeitar os outros.
- *Otimismo.* Uma pessoas que é otimista espera ansiosamente e está disposta a seguir em frente, além de, é claro, ser mais propensa a manter os vínculos com as normas preestabelecidas. Essa pessoa está com os pés no futuro, não no passado.
- *Paixão.* Misture otimismo e perseverança e passe mais horas do seu dia pensando em como difundir essa mensagem. Assim, você certamente ganhará o coração de seus seguidores e de seus funcionários.

- *Autoconfiança*. Um líder confiante e seguro de si torna as pessoas ao seu redor confiantes.
- *Altruísmo*. Bons líderes pensam nos outros e tentam se colocar no lugar deles. Bons líderes desejam sucesso para todos, e não apenas para si mesmo.
- *Estilo profissional*. Bons líderes desenvolvem um trabalho consistente e um estilo de comunicação que todos reconhecem e com o qual aprendem a trabalhar. Como vimos com Steve, esse estilo não precisa ser fácil, mas tem de inspirar confiança. Quando é difícil trabalhar com um líder, ou quando um líder não mantém o equilíbrio da equipe, os membros dessa equipe tendem a se concentrar mais na relação que têm com o líder do que no projeto ou no produto que estão desenvolvendo. Quando os membros de sua equipe sabem que você, como líder, é um revolucionário, isso significa que elas também podem ser revolucionárias.
- *Estilo pessoal*. Tudo, do vestuário ao desejo de privacidade e a forma como você se apresenta dentro e fora da empresa, define seu estilo pessoal. As roupas informais de Steve diziam a todo mundo que ele era um artista. Ele era natural, "uma pessoa como qualquer outra", e não se "vestia para impressionar" ninguém. Seu foco estava no produto e no consumidor, não em si mesmo. Tudo sobre ele — o que ele vestia e o que fazia na Apple e em casa — sugere isso.

Steve transformou-se em uma marca única tanto nos negócios, quanto no mundo da tecnologia. Essa marca representava uma inovação consistente, um desejo consistente de virar o jogo a favor do consumidor, e uma aplicação consistente dos mais complexos segredos da tecnologia com o intuito de melhorar a vida dos consumidores. Steve também representava uma consistente excelência em produtos, uma consistente excelência na experiência do consumidor e uma consistente excelência em *design*.

A marca de Steve era quase completamente sobre o que ele *não era*. Ele não era uma pessoa focada em dinheiro nem era uma pessoa corporativa. Tampouco era um político ou uma pessoa ligada à imagem de executivo. Ele não era uma pessoa que gostava de exibir várias residências caras ou jatinhos ou iates ou coleções de carros de luxo. Enfim, ele não era uma pessoa fissurada em poder nem procurava sempre estar no centro das atenções.

Steve manteve o foco na mensagem e não em si mesmo. Ele, na maioria das vezes, deixava as pessoas à vontade, dando-lhes garantias constantes de que o produto e o consumidor eram os fatores importantes. Ele era apenas um cara normal com quem se trabalhava de acordo com a situação, sem nenhuma pretensão ou formalidade. Claro, ele podia ser "difícil" se as coisas não estivessem indo bem, mas isso também fazia parte de sua marca.

Clareza era outra característica importante de sua marca e de seu estilo. Até mesmo as palavras que ele escolhia, desde "insanamente grande" até "porcaria", são, hoje em dia, lendárias. A simplicidade elegante de seu estilo próprio alimentava seus produtos e vice-versa.

A IMPORTÂNCIA DA MARCA PESSOAL

Steve estabeleceu um padrão tão alto que muitas pessoas duvidam se alguém, algum dia, poderá ser tão bem-sucedido quanto ele no que diz respeito ao estabelecimento de uma marca pessoal. Há outros nomes revolucionários por aí, como Sergey Brin e Larry Page, do Google, e Mark Zuckerberg, do Facebook. Todavia, nenhum deles tem o estilo, o carisma, o respeito ou a influência que Steve apreciava e de que as pessoas parecem se distanciar à medida que crescem.

A marca "Steve" é ainda maior quando consideramos o negócio em que ele estava envolvido. O fato de ele ter construído sua marca e a mantido tão consistente durante 35 anos, mesmo diante das mudanças pelas quais a tecnologia passou, é ainda mais impressionante. Muitas pessoas acreditam que as mudanças que levaram à sua saída da Apple, em 1985, e ao seu retorno, em 1997, serviram para afirmar sua marca — afinal de contas, ele estava "certo". Sem aquele teste —

e sem a oportunidade de alcançar a excelência com *Toy Story* em uma área que conhecia muito pouco —, talvez ninguém tivesse se dado conta de que ele estava certo.

Steve realizou e levou as pessoas a realizarem grandes feitos, e gozou de uma vida que, para a maioria de nós, é um sonho bem distante. Ele estabeleceu uma enorme marca pessoal e viveu por ela. E o sucesso dessa marca permanecerá para sempre um feito difícil de se repetir. Contudo, isso não significa que você não deva tentar construir sua própria marca de liderança.

E por que uma marca pessoal é tão importante, especialmente para um líder?

Quando você, como líder, estabelece uma marca pessoal excelente, seus seguidores — seus funcionários — saberão o que esperar. Eles compreenderão a ideia, entenderão o lema e confiarão nessa ideia e nesse lema. Sua marca pessoal será reconhecível e consistente, além de transmitir uma mensagem. Ela servirá e como um exemplo. E um exemplo extraordinário! Ela será desenvolvida e cultivada através da experiência, combinada com uma determinada percepção, um determinado estilo e uma determinada imagem.

As pessoas presumirão que você está certo, e não errado. Elas concordarão com você e partilharão de sua visão. Elas olharão para o que podem fazer por você e por sua empresa, e não para o que você e sua empresa podem fazer por elas. E confiarão que, sob sua direção, não estarão trabalhando em vão, mas, pelo contrário, alcançarão grandes conquistas pelas quais serão recompensadas. Tudo isso move a empresa, deslocando a agulha da apatia para a motivação e a inspiração.

Nunca um líder inspirou tantas pessoas e tão completamente quanto Steve Jobs.

MARCA PESSOAL, MARCA DA EMPRESA

Aqueles de vocês que estão seguindo o Modelo de Liderança de Steve Jobs, organizado em seis passos que ofereci no Capítulo 3, devem ter chegado neste capítulo esperando um tratado quase acadêmico sobre como construir a marca pessoal e a marca da empresa. Não, você não encontrará isso aqui. Certamente Steve e a Apple construíram uma marca imensamente valiosa, uma marca que deve ser invejada e emulada. Não há dúvidas disso.

Se seu único sucesso como líder for desenvolver uma marca com o valor da marca da Apple, contente-se, você terá alcançado um enorme sucesso, mesmo que ninguém reconheça seu nome e nenhum de seus funcionários o conheçam. O cenário corporativo está cheio de marcas de sucesso que foram construídas e são sustentadas por rostos anônimos, que trabalham em escritórios perdidos nas corporações. Quem, sem procurar no Google, poderia citar o nome do CEO da Procter & Gamble (P&G, responsável pela marca Tide, discutida anteriormente neste mesmo capítulo) ou do McDonald's ou do Walmart?

E, ainda assim, esses líderes são bem-sucedidos quando levamos em consideração todas as medições corporativas; basta observar os relatórios dessas empresas. Eles podem não possuir uma marca pessoal eficiente dentro de suas organizações; podem simplesmente realizar as tarefas de liderança executiva bem o suficiente para manter suas organizações nos trilhos; podem apenas ter os subordinados certos nos lugares certos e fazendo as coisas certas; e podem até mesmo simplesmente ter sorte.

Entretanto, quando comparamos esses estilos genéricos de liderança com estilos de liderança que possuem uma marca registrada, como os estilos de Howard Schultz, da Starbucks, e Larry Ellison, da Oracle — e Steve Jobs, da Apple —, fica claro que, ao desenvolver uma marca pessoal, podemos transformar nossa empresa. A marca da empresa desenvolve a marca pessoal e vice-versa.

Agora, a maior parte dos leitores deste livro não é CEO e nem está planejando se tornar CEO em breve. Contudo, os mesmo traços que levaram Steve ao sucesso podem levar também você, leitor, independentemente do tipo de empresa em que trabalhe e do papel que desempenhe nessa empresa. Não importa se você administra seu próprio negócio, gerencia atendentes de telemarketing em um *call center* ou é colaborador de uma grande empresa; esses princípios podem sim ser aplicados.

Construa sua marca pessoal e as pessoas irão segui-lo aonde quer que você vá e em qualquer coisa que você fizer.

CHEGANDO AO TOPO

Então, como você constrói sua marca pessoal? Como você dá o passo fundamental do Modelo de Liderança de Steve Jobs.

Fácil: dê os cinco primeiros passos (retomados a seguir), depois os difunda em sua equipe e desenvolva seu estilo pessoal:

- *Consumidor.* Concentre-se no exterior, não no interior. Descubra tudo o que puder sobre seu consumidor/cliente. *Seja* o consumidor. Seja o advogado do consumidor. Pergunte-se sempre "O que meu produto faz pelo consumidor?". Desenvolva uma paixão visível pelo consumidor.
- *Visão.* Tente enxergar além do horizonte. Desenvolva uma visão, experimente-a, comunique-a dentro e fora da empresa. E não se esqueça de desejar adaptá-la à realidade.
- *Cultura.* Crie um ambiente de "poder fazer", um ambiente que recompense, e não dificulte a criatividade. Certifique-se de que o processo dentro de sua equipe apoie novas ideias e novas visões focadas no consumidor.
- *Produto.* Concentre-se no produto. Envolva-se com seus detalhes, conheça-o por dentro e por fora e certifique-se de que é o que os consumidores querem.
- *Mensagem.* Seja o porta-voz do seu produto e da sua equipe. Espalhe sua visão e sua mensagem dentro e fora da empresa. Frequente feiras de negócios; seja responsável por sua imagem na mídia; construa sua marca na indústria em que trabalha, e não apenas em sua própria empresa.

Então, eis que chegamos à questão do estilo. Isso é um pouco mais linear. A ideia é desenvolver um estilo pessoal e profissional consistente com a visão defendida. Se sua visão é fazer os consumidores serem mais criativos e pensarem diferente, então blusas pretas de gola alta e jeans são provavelmente mais eficientes do que ternos de mil dólares. Você deve transmitir uma imagem que acredita que sua equipe gostará, e que acredita que seus clientes/consumidores gostariam de ver se o conhecessem pessoalmente.

O QUE STEVE JOBS FARIA

Novamente, construir uma marca pessoal não é uma tarefa linear, tampouco precisa. Se fosse, todo mundo poderia construí-la e se transformaria no novo Steve Jobs! Mas não, não é assim que as coisas funcionam. Uma marca pessoal é algo que você terá de imaginar, algo em que terá de pensar, de sonhar, de experimentar e mudar:

- *Concentre-se nos cinco passos de apoio* do modelo de liderança: consumidor, visão, cultura, produto e mensagem.
- *Mantenha o equilíbrio desses passos.* Não se concentre apenas na mensagem ou no produto ou na visão. Não funcionará.
- *Seja apaixonado.*
- *Não exagere.* Deixe suas ações falarem por você. As pessoas reconhecem quando você está se esforçando.
- *Seja guiado pelas realizações, não pelo poder.*
- *Seja guiado pelas realizações, não pelo dinheiro.*

O LEGADO CONTINUA VIVO

A propaganda *Pense Diferente*, que foi ao ar originalmente em 1997, mesmo ano em que Steve voltou para a Apple, diz muito a respeito de sua marca pessoal. Portanto, acredito que reproduzi-la aqui seja uma boa forma de terminar:

Isso é para os loucos.

Os desajustados.

Os rebeldes.

Os encrenqueiros.

Os peixes fora d'água.

Os que veem as coisas de forma diferente.

Eles não gostam de regras, e eles não respeitam o status quo.

Você pode citá-los, discordar deles, idolatrá-los ou difamá-los.

Mas a única coisa que você não pode fazer é ignorá-los, pois eles mudam as coisas.

Eles empurram a humanidade para o futuro.

E enquanto alguns os veem como loucos, nós os vemos gênios.

Porque as pessoas loucas o suficiente para pensar que podem mudar o mundo são as únicas que conseguem.

PARMA
Impressão e acabamento
Editora Parma LTDA
Tel.:(011) 2462-4000
Av.Antonio Bardella, nº310,Guarulhos,São Paulo-Brasil